完全対策！

漢字検定

模擬試験問題集

２級

大阪市立大学名誉教授
大内田 三郎 著

駿河台出版社

(三) 模擬試験

別冊

(一) 試験実施要項

1 受験資格

制限はありません。検定時間が異なれば4つの級まで受験できます。受験には個人受験と団体受験があります。

2 実施級

1級　準1級　2級　準2級　3級　4級
5級　6級　7級　8級　9級　10級

3 検定実施日

検定実施日は、原則として毎年
第1回　6月中の日曜日
第2回　10月中の日曜日
第3回　翌年1月か2月の日曜日

4 検定会場

全国主要都市約180か所（願書に記載されている）

5 検定時間

2級は60分

6 検定料

検定料は変更されることがあるので、日本漢字能力検定協会のホームページ（http://www.kanken.or.jp/）で最新情報を確認してください。

7 合格基準と合否の通知

合格の目安は正解率80％程度です。200点満点ですから、160点以上取れば合格の可能性があります。

まえがき

本書は、日本漢字能力検定協会が実施している漢字検定試験の合格を目指す受験者のために、その準備と対策ができるように編集した模擬試験問題集です。

平成四年に当時の文部省（現 文部科学省）から検定試験が認可されて以来、志願者数が年々増加し、平成二〇年には二八〇万人を超えたといいます。その志願者数急増の背景には、国民の漢字に対する興味や関心が高まり、自分の漢字能力を客観的な評価基準で試したいと考えているからでしょう。漢字検定の社会的な評価が高まるにつれて、学校や企業などの団体受験も増えています。学校では、合格者は大学受験や高校受験で優遇される制度が広がりつつあり、企業では、社員が合格すると有資格者として優遇されるなどの利点があります。

本書は、これから受験しようとしている受験者のための問題集ですので、受験前にまず本書を参考に自分の実力をチェックし、自分の弱点がどこにあるかを確認し、それを克服するように心掛けてください。

多くの受験者が本書を利用して、受験する級に合格されんことを心から願っています。

最後になりましたが、本書の刊行にあたり、社長の井田洋二氏と編集部の猪腰くるみ氏に多大の協力をいただきました。心から謝意を表します。

九月一日

著　者

目次

検定の約40日後を目安に、合格者には合格証書、合格証明書と検定結果通知が、不合格者には検定結果通知が郵送されます。

8 申込方法

1 **取扱書店（大学生協を含む）**

取扱書店で願書を入手し、書店で検定料を支払う。必要事項を記入した願書と書店払込証書を日本漢字能力検定協会に送付すると、受験票が届く。

2 **郵　送**

日本漢字能力検定協会に願書を請求して必要事項を記入後、検定料を添えて協会に現金書留で送ると、受験票が届く。

3 **インターネット**

http://www.kanken.or.jp/

日本漢字能力検定協会ホームページにアクセスし、必要事項を入力。検定料を支払うと、受験票が届く。

4 **携帯電話**

http://www.kentei.co.jp/

webで検定onラインにアクセスし、必要事項を入力。払込用紙が送付されてくるので、検定料を支払うと、受験票が届く。

ほかにも、セブン-イレブン、ローソンからも申し込み可能。

9 問い合わせ先

財団法人　日本漢字能力検定協会

〈京都本部〉〒600-8585

京都市下京区烏丸通松原下る五条烏丸町398

TEL：075-352-8300

FAX：075-352-8310

〈東京事務所〉〒100-0004

東京都千代田区大手町2-1-1

大手町野村ビル

TEL：03-5205-0333

FAX：03-5205-0331

電子メール　info01@kanken.or.jp

(二) 出題傾向と学習ポイント

(一) 漢字の読み

2級の出題対象となる漢字は、2級配当漢字337字（準2級と共通）が中心で、3級以下の配当漢字では、高校で習う読みが含まれます。これらの漢字に対する知識を深め、文章の中で果たしている役割を正しく理解する必要があります。

この分野は、短文中の漢字の音読みと訓読みを答える問題です。出題は2級配当漢字337字が中心ですが、特殊な読み、熟字訓、当て字も出題されますので注意が必要です。

特殊な読みとは、「雨雲」（あまぐも）、「兄弟」（きょうだい）、「留守」（るす）、「酒屋」（さかや）のような「常用漢字表」で示された特別なもの、または用法のごく狭い音訓です。

熟字訓、当て字とは「常用漢字表」にある「付表」です。熟字訓や当て字など、主として一字一字の音訓として挙げにくいものを語の形で示したものです。例えば、「明日」（あす）、「景色」（けしき）、「時計」（とけい）、「部屋」（へや）などです。

最近の出題傾向として、二字熟語の音読みが約20問、一字の訓読みが約10問出題されます。

(二) 部　首

この分野は、問題となる漢字は主に2級配当漢字337字から出題されますが、その漢字の部首を書く問題です。出題傾向として、わかりやすい一般的な漢字よりは部首の判別が難しい漢字がよく選ばれます。また、漢字自体が部首の漢字も出題されますので注意しましょう。例えば、「甘」「缶」「斉」「麻」などがそうです。

(三) 熟語の構成

この分野は、二字熟語を構成する二字の漢字が、次に示す「ア～オ」の5つの分類のうち、どの関係で結び付いているのかを問う問題です。
（ア）同じような意味の漢字を重ねたもの
（例：道路）
（イ）反対または対応の意味を表す字を重ねたもの
（例：前後）
（ウ）上の字が下の字を修飾しているもの
（例：紅葉）
（エ）下の字が上の字の目的語・補語になっているもの
（例：育児）
（オ）上の字が下の字の意味を打ち消しているもの
（例：無害）

㈣ 四字熟語

［問1］は、四字熟語のうち空欄になっている部分に、あてはまる語（ひらがな）を選択肢の中から選んで漢字に直し、四字熟語を完成させる問題です。［問2］は、11～15の意味にあてはまる四字熟語を「ア～コ」からを選ぶ問題です。

四字熟語に出題されるのは、主に故事成語および一般用語です。故事成語は「一触即発」「危機一髪」「喜怒哀楽」などのように中国の古典に由来するものが多い。そのほかに、「技術革新」「景気対策」「学習意欲」など一般用語の四字熟語も多く出題されますので、新聞、雑誌などを読み意味を調べる習慣をつけましょう。

㈤ 対義語・類義語

この分野は、対義語・類義語が出題され、その問題の熟語に対して熟語の二字が空欄になっていて、そこにあてはまる適当な語（ひらがな）を選択肢の中から選んで漢字に直す問題です。

対義語・類義語も熟語の知識として大切なものです。対義語にはその組み合わせに共通する字がある「主観—客観」「有名—無名」のようなものと、「原因—結果」「理想—現実」のように共通する字がなく対の関係にあるものがあります。したがって、対義語は、二字熟語の組み合わせに注意して覚えると効果的です。

類義語は対義語と異なり、意味が似ていても用い方が違うなどの幅広い熟語が含まれます。そのため一つの熟語に対して「判断」「決断」「決定」「断定」「判定」「予断」のように類義語が多数あるものもあります。したがって、類義語を覚えることは語い力を確実に高める効果があります。

(六) 同音・同訓異字

この分野は、二組の短文中にある同じ読みで異なる漢字を答える問題です。問題の漢字は２級配当漢字３３７字が中心です。出題傾向として同音異字が主に出題されますが、一部同訓異字も含まれますので注意が必要です。

また、特別な読みや熟字訓、当て字などもいくつか出題されることがあります。

(七) 誤字訂正

この分野は、文中で間違って使われている漢字一字を正しい漢字に書き直す問題です。誤字として用いられるのは２級配当漢字が中心ですが、常用漢字からも広く出題されます。

誤字として用いられる漢字には、次の二つのパターンがあります。

(一) 同じ読みで「つくり」が共通で、字形がよく似ているもの。

鋼・綱（こう）　倹・検・険（けん）

(２) 同じ音読みで字形が異なるもの。

長・張・超・徴・懲・聴・調・潮（ちょう）

(八) 送りがな

この分野は、短文中のカタカナの部分を漢字一字と送りがなに直して書く問題です。２級配当漢字３３７字を書かせる問題が中心です。

送りがなとは、漢字の誤読、難読のおそれがないように、漢字の次に添えるかなのことです。送りがなの付け方は「送り仮名の付け方」によりますので、基本的な原則を覚えておきましょう。

送りがなの主な原則

本則を基本として押さえる必要がありますが、例外は本則によらないものですので、特に注意しましょう。

(1) 活用がある語は、活用語尾を送る。

書く　催す　生きる　考える　賢い　荒い

[例外]

語幹が「し」で終わる形容詞は「し」から送る。

恋しい　珍しい　著しい

活用語尾の前に「か」「やか」「らか」を含む形容動詞は、その音節から送る。

静かだ　穏やかだ　明らかだ

(2) 副詞・連体詞・接続詞は最後の音節を送る。

必ず　更に　既に　再び　全く　最も

[例外]

大いに　直ちに　並びに　若しくは

(九) 漢字の書き取り

この分野は、短文中のカタカナを漢字に直す問題です。漢字は主に2級配当漢字から出題され、音読み、訓読み、特殊な読み、熟字訓、当て字などがすべて正しく書けることが求められます。漢字は、「止める・跳ねる」「突き出す・突き出さない」「つける・はなす」「画の長短」など正しい筆順で明確に書く必要があります。くずした漢字や乱雑な書き方は採点の対象になりませんので特に注意しましょう。

（三）模擬試験

第1回 模擬試験

試験時間 60分

合格基準 160点

得点 /200点

(一) 次の――線の漢字の読みをひらがなで記せ。

30点 1×30

1 文章中に詩を**挿入**する。（　）
2 短歌の会を**主宰**している。（　）
3 古い書類を**廃棄**処分にする。（　）
4 **料亭**で優勝の祝賀会を催す。（　）
5 職員の**稼働**日数の統計をとる。（　）
6 交通事故の**災厄**から身を守る。（　）
7 毎月、婦人雑誌を**購読**している。（　）
8 住民は立ち退き要求を**拒絶**した。（　）
9 済んでしまったことに**拘泥**する。（　）
10 彼は首相の**懐刀**と言われた人物だ。（　）
11 同じことの繰り返しに**嫌気**がさす。（　）
12 **病原菌**を突き止めて新薬を開発する。（　）
13 最近は**覇気**のある学生が少なくなった。（　）

(二) 次の漢字の**部首**を記せ。

〈例〉草（艹）

10点 1×10

1 褒（　）
2 弊（　）
3 丙（　）
4 瓶（　）
5 頻（　）
6 賓（　）
7 罷（　）
8 覇（　）
9 寧（　）
10 忍（　）

14 五つに分かれている分科会を**統括**する。（　　）
15 三つの**選択肢**の中からどれか一つを選ぶ。（　　）
16 大勢の敵を相手に獅子**奮迅**の働きをする。（　　）
17 明治時代の**地租**は現在では廃止されている。（　　）
18 **婚姻**は、両性の合意に基づいて成立する。（　　）
19 住民は乱開発の中止を求めて**訴訟**を起こした。（　　）
20 この企業の**傘下**には五〇以上の子会社がある。（　　）
21 立候補者がいなかったので**他薦**にすることにした。（　　）
22 彼女はずいぶん**愛想**のいい人だ。（　　）
23 **釣**り銭をまちがえられる。（　　）
24 冠婚葬祭のしきたりに**倣**う。（　　）
25 私財を投げうって広く**施**す。（　　）
26 デパートの屋上で**催**しがある。（　　）
27 気ばかり**焦**ってうまくできない。（　　）
28 全員が満足するように心を**砕**く。（　　）
29 それは、必要**且**つ十分な条件である。（　　）
30 懸命に努めたが敗戦の**憂**き目を見た。（　　）

(三) **熟語の構成**のしかたには次のようなものがある。

／20点　2×10

ア　同じような意味の漢字を重ねたもの（**道路**）
イ　反対または対応の意味を表す字を重ねたもの（**前後**）
ウ　上の字が下の字を修飾しているもの（**紅葉**）
エ　下の字が上の字の目的語・補語になっているもの（**育児**）
オ　上の字が下の字の意味を打ち消しているもの（**無害**）

次の熟語は、右の**ア〜オ**のどれにあたるか、**一つ**選び、**記号**で記せ。

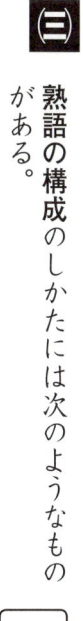

1 廉価（　　）
2 扶助（　　）
3 存亡（　　）
4 発言（　　）
5 無効（　　）
6 摩擦（　　）
7 酷似（　　）
8 哀歓（　　）
9 融資（　　）
10 駐留（　　）

(四) 次の**四字熟語**について、問1と問2に答えよ。

問1 次の**四字熟語**の（1～10）に入る適切な語を下の□の中から選び、**漢字二字**で記せ。

20点
2×10

ア 正真（1）
イ 綱紀（2）
ウ 大悟（3）
エ 遮二（4）
オ 禍福（5）
カ （6）必衰
キ （7）会釈
ク （8）柳緑

むもん
だそう
しゅくせい
えんりょ
むに
とうこう
しょうめい
じょうしゃ
てってい
るいせい

(五) 次の1～5の**対義語**、6～10の**類義語**を後の□の中から選び、**漢字**で記せ。□の中の語は一度だけ使うこと。

20点
2×10

対義語

1 安易（　）
2 精巧（　）
3 悲哀（　）
4 豊富（　）
5 干渉（　）

類義語

6 唐突（　）
7 付託（　）
8 幽閉（　）
9 胆力（　）
10 続出（　）

かんきん・けつぼう・どきょう・いにん・かんき・しなん・ほうにん・そざつ・ふい・ひんぱつ

ケ（9　　）同居

コ（10　　）驚蛇

問2 次の11～15の**意味**にあてはまるものを**問1**の**ア～コの四字熟語**から**一つ**選び、**記号**で記せ。

10点 2×5

11 幾代のもの子孫が同じ家に一緒に住むこと。（　　）

12 控えめで、思いやりを持った態度で接すること。（　　）

13 余計なことをしたため、災難に遭うこと。（　　）

14 わき目もふらず、一つのことをひたすら行うこと。（　　）

15 栄えているものは必ず滅びるということ。（　　）

㈥ 次の――線の**カタカナ**を**漢字**に直せ。

20点 2×10

1 百科事典を**カンコウ**する。（　　）

2 京都市内を**カンコウ**する。（　　）

3 駅前にデパートが**カイテン**した。（　　）

4 水車がゆっくり**カイテン**する。（　　）

5 首相が**ショシン**表明演説をする。（　　）

6 常に**ショシン**に立ち返って精進する。（　　）

7 文学部に入って中国文学を**センコウ**する。（　　）

8 オリンピックの出場選手を**センコウ**する。（　　）

9 畑のいちごを**ツ**む。（　　）

10 倉庫に荷物を**ツ**む。（　　）

(七)

次の各文にまちがって使われている**同じ読みの漢字**が**一字**ある。**上に誤字**を、**下に正しい漢字**を記せ。

10点 2×5

1 平凡な人生こそ真の人生だ。実際、虚色や特異から遠く離れたところのみ真実があるからだ。（　・　）

2 総務省の家計調査によれば、勤労者の平均消費性向は六〇歳未満ではどの世代も、ほとんど延びていない。（　・　）

3 会社やさまざまな組織における仕事の進め方はあまりに無駄が多く、しなくても済む長時間労動をしている。（　・　）

4 企業と個人は、生産者と消費者、顧用主と勤労者、企業と債権者・株主といった多様なルートでつながっている。（　・　）

(九)

次の――線の**カタカナ**を**漢字**に直せ。

50点 2×25

1 非凡な才能を**コジ**する。（　）

2 営業の業績が**ヤクシン**する。（　）

3 特別に**レンカ**の商品を販売する。（　）

4 苦情処理を**ジンソク**に行う。（　）

5 被害の程度はまだ**ミショウ**だ。（　）

6 交渉相手と**セイヤク**をかわす。（　）

7 為政者が**ショミン**の声を聞く。（　）

8 母は**カドウ**の教授をしている。（　）

9 **コクジ**した製品が発売された。（　）

10 **ハンザツ**な手続きを簡素化する。（　）

11 首相が**オウシュウ**五か国を歴訪する。（　）

12 研究論文を**ジョウショ**して提出する。（　）

5 現代日本の政治の困乱は、「政党および政治家の劣化」の問題、それに加えて「金融経済の肥大化」だと思う。（　・　）

(八) 次の――線のカタカナを漢字一字と送りがな（ひらがな）に直せ。

10点 2×5

〈例〉誕生日に友達をヨブ。（呼ぶ）

1 川に鉄橋をカケル。（　　）
2 役人の不正にイキドオル。（　　）
3 友達をドライブにサソウ。（　　）
4 自転車のスピードをユルメル。（　　）
5 大切な事はモラサずメモする。（　　）

13 法案は衆議院のシンギを終わった。（　　）
14 戦争をカイヒするために奔走する。（　　）
15 疲れていると注意力がサンマンになる。（　　）
16 野山で遊んだ子供時代をカイコする。（　　）
17 社会のチツジョを乱すような行為は慎む。（　　）
18 ミサキに白い灯台がある。（　　）
19 いやな予感にオソわれる。（　　）
20 人生の厳しさをサトる。（　　）
21 貯金をして老後にソナえる。（　　）
22 試合を最後までスてない。（　　）
23 無力な自分をウラめしく思う。（　　）
24 練習不足でミジめな負け方をした。（　　）
25 現職にとどまることをイサギヨしとしない。（　　）

第2回 模擬試験

試験時間 60分
合格基準 160点
得点 /200点

㈠ 次の――線の漢字の読みをひらがなで記せ。（30点 1×30）

1 消毒液で手を**洗浄**する。（　）
2 平家の**嫡流**の家は絶えた。（　）
3 **干潟**に出て潮干狩りをする。（　）
4 慎んで**哀悼**の意を表します。（　）
5 動物園の**猿山**はいつも人気だ。（　）
6 **羅針盤**で船の進路を確かめる。（　）
7 **書斎**にこもって調べものをする。（　）
8 **家督**を子供に譲って隠居する。（　）
9 礼拝堂に**荘重**な音楽が鳴り響く。（　）
10 旅の土産に名産の**漆器**をもとめる。（　）
11 **学習塾**に通う子供たちが増える。（　）
12 過去の事件と**酷似**した事件が起こる。（　）
13 心理学者が犯罪者の心理を**解剖**する。（　）

㈡ 次の漢字の部首を記せ。（10点 1×10）

〈例〉草（艹）

1 屯（　）
2 凸（　）
3 督（　）
4 騰（　）
5 昱（　）
6 累（　）
7 寮（　）
8 尼（　）
9 頒（　）
10 雰（　）

14 証言によって被告を**窮地**に追い込む。（　　）
15 どこのページに出ているのか**索引**で調べる。（　　）
16 益々のご活躍のよし、ご**同慶**の至りです。（　　）
17 会場には、**粛然**とした雰囲気が漂っている。（　　）
18 その画家の名前は、**寡聞**にして存じません。（　　）
19 彼は試合で**俊敏**な動きを見せ得点に貢献した。（　　）
20 連載中の小説に一流の画家が**挿絵**をかいている。（　　）
21 感染症にかからないよう、予防接種で**免疫**をつける。（　　）
22 彼はからきし**意気地**のない人だ。（　　）
23 恩師の突然の死を**悼**む。（　　）
24 大きな岩が行く手を**阻**む。（　　）
25 暴動を武力によって**鎮**める。（　　）
26 衣服が**湿**っていて乾かない。（　　）
27 恥を**忍**んで秘密を打ち明ける。（　　）
28 部屋の隅で**畏**まる内気な青年。（　　）
29 オゾン層の破壊が環境を**脅**かす。（　　）
30 この件では世間のそしりは**免**れない。（　　）

(三) **熟語の構成**のしかたには次のようなものがある。

20点　2×10

ア　同じような意味の漢字を重ねたもの　（**道路**）
イ　反対または対応の意味を表す字を重ねたもの　（**前後**）
ウ　上の字が下の字を修飾しているもの　（**紅葉**）
エ　下の字が上の字の目的語・補語になっているもの　（**育児**）
オ　上の字が下の字の意味を打ち消しているもの　（**無害**）

次の熟語は、右の**ア～オ**のどれにあたるか、**一つ**選び、**記号**で記せ。

1 剛柔（　　）
2 決意（　　）
3 旅愁（　　）
4 安泰（　　）
5 概況（　　）
6 未熟（　　）
7 伸縮（　　）
8 設問（　　）
9 抱擁（　　）
10 必携（　　）

第2回

四

次の**四字熟語**について、問1と問2に答えよ。

問1 次の**四字熟語**の（1〜10）に入る適切な語を下の□の中から選び、**漢字二字**で記せ。

20点 2×10

ア 軽挙（1）
イ 舎本（2）
ウ 遺憾（3）
エ 生生（4）
オ 心願（5）
カ（6）斉家
キ（7）無偏
ク（8）五常

せんばん
じょうじゅ
むし
もうどう
せきじつ
ちくまつ
しゅうしん
ごりん
るてん
いっさい

五

次の1〜5の**対義語**、6〜10の**類義語**を後の□の中から選び、**漢字**で記せ。□の中の語は一度だけ使うこと。

20点 2×10

対義語

1 酷評（　）
2 寛大（　）
3 慎重（　）
4 博学（　）
5 曖昧（　）

類義語

6 斡旋（　）
7 規範（　）
8 専念（　）
9 沈着（　）
10 無情（　）

めいりょう・れいたん・けいそつ・せわ・てほん・ぜっさん・ぼっとう・むち・れいせい・げんかく

ケ（ 9 ）衆生

コ（ 10 ）累久

問2 次の11〜15の**意味**にあてはまるものを**問1**の**ア〜コの四字熟語**から**一つ**選び、**記号**で記せ。

10点 2×5

11 何も考えないで、軽率に行動すること。（　）

12 私心がなく、公平なこと。（　）

13 心の中で念じた願いが、かなえられること。（　）

14 非情に残念で、心残りであること。（　）

15 すべての命あるもの。（　）

(六) 次の――線の**カタカナ**を**漢字**に直せ。

20点 2×10

1 生命の**キゲン**をさぐる。（　）

2 今日で**キゲン**が切れる。（　）

3 朝食を**カンタン**にすませる。（　）

4 すばらしい演技に**カンタン**する。（　）

5 長い**カイダン**を一気にかけあがる。（　）

6 各国の代表が集まって**カイダン**する。（　）

7 災難者の救助が困難な**ジタイ**となった。（　）

8 パーティーに招待されたが**ジタイ**した。（　）

9 部屋の温度を**サ**げる。（　）

10 買い物かごを**サ**げる。（　）

㈦ 次の各文にまちがって使われている**同じ読みの漢字**が**一字**ある。**上に誤字**を、**下に正しい漢字**を記せ。

10点 2×5

1 歴史的に日本が文化的自立を目指す時、中国に対抗し、その模放でない独自の道を探ってきた。（　・　）

2 昨今、一ドル＝八〇円台前半の「超円高」傾向により、日本企業は生産拠点の海外移展を加速している。（　・　）

3 失業の長期化は若年層の雇用不安を高め、彼らの消費を欲制し、過少消費状態の大きな原因になっている。（　・　）

4 成功というものは、その結果ではかるものではなく、それについやした努力の統係ではかるべきものである。（　・　）

㈨ 次の――線の**カタカナ**を**漢字**に直せ。

50点 2×25

1 物事を**オンビン**に処理する。（　）

2 事件解決の**タンショ**を開く。（　）

3 物価の上昇を**ヨクシ**する。（　）

4 雨水が**シントウ**するのを防ぐ。（　）

5 目標に向かって**モウシン**する。（　）

6 各方面から**ショウサン**を浴びる。（　）

7 アルバイトで**ホウシュウ**を得た。（　）

8 国家試験合格の**キッポウ**が届く。（　）

9 道路の**ホシュウ**工事が行われる。（　）

10 **カモク**な男だが実行力はある。（　）

11 青少年の体力低下を**ガイタン**する。（　）

12 **ケイショウ**なので入院の必要はない。（　）

5 我々はすべて自然を鑑賞することばかり多く、自然とともに生きることがあまりにも少ないように思われる。（　・　）

八

次の――線のカタカナを漢字一字と送りがな（ひらがな）に直せ。

10点 2×5

〈例〉誕生日に友達をヨブ。（呼ぶ）

1 手痛い敗北をキッスル。（　）
2 声をかけてハゲマシ合う。（　）
3 三塁のポジションをオビヤカス。（　）
4 空模様がアヤシクなってきた。（　）
5 ボーナスをローンの返済にアテル。（　）

---

13 学生時代に運転メンキョを取得した。（　）
14 ジュクスイして終点まで乗り過ごした。（　）
15 災害に備えて避難訓練をジッシする。（　）
16 ケンアンになっていないから結論が出ない。（　）
17 他国の文化にヘンケンを持ってはいけない。（　）
18 ガスのホノオを調整する。（　）
19 ケワしい道を慎重に歩く。（　）
20 ぼんやりと遠くをナガめる。（　）
21 友達とタズサえて遊びに行く。（　）
22 志を高くカカげて人生を歩む。（　）
23 庭一面にバラの花が咲きホコる。（　）
24 材木を積んだ船がホリを行き来する。（　）
25 毎朝起こされる前に起きようとチカう。（　）

第2回

第3回 模擬試験

試験時間 60分

合格基準 160点

得点 /200点

(一)

次の――線の漢字の読みをひらがなで記せ。

30点 1×30

1 真夜中に**銃声**を聞いた。（　）
2 チャンピオンに**挑戦**する。（　）
3 彼との間の**垣根**を取り払う。（　）
4 **秩序**正しい学校生活を送る。（　）
5 社長の**私邸**に伺って懇談する。（　）
6 無造作に**茶封筒**に入れて渡す。（　）
7 身代金目当てに子供を**誘拐**する。（　）
8 **同僚**と勤務上の悩みを話し合う。（　）
9 芸能人の**醜聞**が週刊誌をにぎわす。（　）
10 長年の友情を**弊履**のごとく捨てる。（　）
11 昔の仲間とはすっかり**疎遠**になった。（　）
12 横綱を倒した力士が**殊勲賞**を受ける。（　）
13 **愚痴**を聞かされる身にもなってみろ。（　）

(二)

次の漢字の**部首**を記せ。

〈例〉草（艹）

10点 1×10

1 融（　）
2 竜（　）
3 羅（　）
4 匁（　）
5 騰（　）
6 履（　）
7 悠（　）
8 癒（　）
9 窯（　）
10 虜（　）

14 プロとアマは実力に**雲泥**の差がある。（　　）

15 少女は**漆黒**の髪を風になびかせて走った。（　　）

16 なまはげは家々を訪れて子供を**威喝**する。（　　）

17 試合が白熱して、やじの**応酬**も激しくなる。（　　）

18 小遣いを上げてくれるよう母と**交渉**する。（　　）

19 **閑静**な住宅地にある古いお屋敷に住んでいる。（　　）

20 大きな仕事をやり遂げた**充実感**が心を満たした。（　　）

21 あの作家は**寡作**であったが、すぐれた作品を残した。（　　）

22 出かけるから早く**支度**しなさい。（　　）

23 教え子を根気強く**諭**す。（　　）

24 会に参加する**旨**を伝える。（　　）

25 ドアで手を**挟**んでしまった。（　　）

26 政局を**揺**さぶる発言をする。（　　）

27 寺の裏にこけむした**塚**がある。（　　）

28 **但**し書きもよく読むように促す。（　　）

29 川原に捨てられた空き**缶**を拾う。（　　）

30 武力で天下を**統**べる野望に燃える。（　　）

㈢

2×10 ／20点

熟語の構成のしかたには次のようなものがある。

ア　同じような意味の漢字を重ねたもの　（**道路**）

イ　反対または対応の意味を表す字を重ねたもの　（**前後**）

ウ　上の字が下の字を修飾しているもの　（**紅葉**）

エ　下の字が上の字の目的語・補語になっているもの　（**育児**）

オ　上の字が下の字の意味を打ち消しているもの　（**無害**）

次の熟語は、右の**ア～オ**のどれにあたるか、**一つ**選び、**記号**で記せ。

1 享受（　　）

2 厳禁（　　）

3 喫煙（　　）

4 点滅（　　）

5 華麗（　　）

6 主催（　　）

7 不況（　　）

8 贈額（　　）

9 功罪（　　）

10 悲哀（　　）

四

次の**四字熟語**について、問1と問2に答えよ。

問1 次の**四字熟語**の（1〜10）に入る適切な語を下の□の中から選び、**漢字二字**で記せ。

20点 2×10

ア 柳暗（1）
イ 至大（2）
ウ 秋霜（3）
エ 和衷（4）
オ 無常（5）
カ（6）質直
キ（7）不磨
ク（8）不党

しごう
きょうどう
けんにん
ふへん
がんこ
かめい
れつじつ
じんそく
せんこ
いちろう

五

次の1〜5の**対義語**、6〜10の**類義語**を後の□の中から選び、**漢字**で記せ。□の中の語は一度だけ使うこと。

20点 2×10

対義語

1 服従（　）
2 滅亡（　）
3 栄転（　）
4 撤去（　）
5 優雅（　）

類義語

6 役割（　）
7 愚痴（　）
8 権威（　）
9 克己（　）
10 重点（　）

させん・くじょう・せっち・にんむ・はんこう・こうりゅう・そや・たいか・しゅがん・じせい

ケ（9）永逸

コ（10）一徹

問2 次の11〜15の**意味**にあてはまるものを**問1**のア〜コの**四字熟語**から**一つ**選び、**記号**で記せ。

10点 2×5

11 限りなく大きく、強いこと。（　）

12 心を一つにし、力を合わせること。（　）

13 我慢強く、まっすぐな性格。（　）

14 主義や思想にとらわれず、公平中立を保つ。（　）

15 強情、かたくなで、一度決めたら態度を変えない性格。（　）

（六） 次の――線の**カタカナ**を**漢字**に直せ。

20点 2×10

1 何事も忍耐が**カンヨウ**だ。（　）

2 **カンヨウ**の精神で事に臨む。（　）

3 大都市**キンコウ**の住宅地に住む。（　）

4 両者の力関係は**キンコウ**している。（　）

5 スポーツカーが**カイソク**で走る。（　）

6 会員は**カイソク**を守らなければいけない。（　）

7 科学史上に偉大な**ソクセキ**を残す。（　）

8 司会者から**ソクセキ**のスピーチを頼まれる。（　）

9 山の奥の湖を**タズ**ねる。（　）

10 駅へ行く道を**タズ**ねる。（　）

(七)

次の各文にまちがって使われている**同じ読みの漢字**が**一字**ある。**上に誤字**を、**下に正しい漢字**を記せ。

10点 2×5

1 日本人は頭がいいのですが、上下関係や年巧序列の発想がいまだ、研究者に根強く残っている。（　・　）

2 財務省は国の借金を家計の借金にたとえる。しかし、経済学では、家計は貯畜主体としてとらえられる。（　・　）

3 旺勢な消費欲を持つ中国人観光客の増加は、日本のサービス産業にとって計り知れないメリットをもたらす。（　・　）

4 オバマ政権は二〇〇九年の発足当初、経済回復を最大の課第に掲げ、中国の経済発展を取り込む戦略だった。（　・　）

(九)

次の――線の**カタカナ**を**漢字**に直せ。

50点 2×25

1 **テイネイ**な言葉遣いをする。（　）

2 金利の上昇を**ヨクセイ**する。（　）

3 祖国の平和を**カツボウ**する。（　）

4 **ベツリ**の悲しみを味わう。（　）

5 湖面に**アサギリ**がたちこめる。（　）

6 庭に雑草が**ハンモ**している。（　）

7 人心を惑わす**モウゲン**をはく。（　）

8 学会に**センプウ**を巻き起こす。（　）

9 優勝の**シュクエン**が盛大に行われた。（　）

10 文章の重複部分を**サクジョ**する。（　）

11 形式的な会議は時間の**ロウヒ**だ。（　）

12 事故の原因を詳しく**ブンセキ**する。（　）

5 結婚して同居家族がいることが当たり前であった日本社会にとって、単身世帯の急増は確かに衝激である。（　・　）

(八) 次の——線のカタカナを漢字一字と送りがな（ひらがな）に直せ。

10点 2×5

〈例〉誕生日に友達をヨブ。（呼ぶ）

1 お手伝いさんを**ヤトウ**。（　　）
2 遠い異国に思いを**ハセル**。（　　）
3 チャンスを逃したのを**ウラム**。（　　）
4 当たったくじを景品に**カエル**。（　　）
5 心ないうわさが二人の仲を**ヘダテル**。（　　）

13 会社では**ジョウヨ**物資を処分する。（　　）
14 部下の心をしっかりと**ショウアク**する。（　　）
15 文部科学大臣の**シモン**を受ける。（　　）
16 **カイダン**を聞いている子供たちは怖がる。（　　）
17 収穫を増やすために**ドジョウ**を改良する。（　　）
18 野球部の予算を**ケズ**る。（　　）
19 使者を唐の都へ**ツカ**わす。（　　）
20 電話番号を手帳に**ヒカ**える。（　　）
21 大仕事を終えて気が**ユル**む。（　　）
22 山を**ツラヌ**いてトンネルを掘る。（　　）
23 川の汚染は上流にまで**オヨ**んだ。（　　）
24 胃を**ワズラ**って満足に食事ができない。（　　）
25 逆転負けして選手たちは**クチビル**をかんだ。（　　）

第4回 模擬試験

試験時間 60分

合格基準 160点

得点 /200点

(一)

次の――線の**漢字の読み**をひらがなで記せ。

30点 1×30

1 与野党の勢力が**伯仲**する。（　）
2 献花して**弔意**をあらわす。（　）
3 鳴門海峡の**渦潮**を見に行く。（　）
4 不平分子を国外に**放逐**する。（　）
5 自作の短歌を朗々と**吟詠**する。（　）
6 政治の**堕落**が言われて久しい。（　）
7 あなたのことは**生涯**忘れません。（　）
8 **素人**とは思えないほどの腕前だ。（　）
9 お金を**無駄**に使ってはいけない。（　）
10 おぼれた子供を助けて**表彰**された。（　）
11 営業成績のよい者に**報奨金**が出る。（　）
12 娘が大学の**付属**中学に通っている。（　）
13 **弾劾**裁判所は、衆参両院で組織する。（　）

(二)

次の漢字の**部首**を記せ。

〈例〉草（艹）

10点 1×10

1 塑（　）
2 盲（　）
3 奔（　）
4 疎（　）
5 剖（　）
6 麻（　）
7 亭（　）
8 彰（　）
9 壮（　）
10 宰（　）

14 そんなに**謙遜**する必要はありません。（　　）

15 図書館の蔵書の貸し出し**頻度**を調べる。（　　）

16 夕暮れの湖畔にたたずみ、**旅愁**にひたる。（　　）

17 父は**一徹**で、安易に自分の説を曲げない。（　　）

18 政治家の**醜聞**を報じた週刊誌が発売された。（　　）

19 訳本がなかったので、自分で**抄訳**してみた。（　　）

20 短時間だが**熟睡**したので目覚めはさわやかだ。（　　）

21 映画のパンフレットを一部五百円で**頒布**する。（　　）

22 会を始めたいと思いますので、ご**静粛**に願います。（　　）

23 **靴**ひもをしっかり結ぶ。（　　）

24 あまりの暑さに汗が**滴**る。（　　）

25 うるさいので耳に**栓**をする。（　　）

26 新聞配達をして学費を**稼**ぐ。（　　）

27 問い詰められて返答に**窮**する。（　　）

28 人口がいくつかの大都市に**偏**る。（　　）

29 あの時は本当に彼が**憎**らしかった。（　　）

30 ボールペンに押されて万年筆が**廃**れる。（　　）

(三)

熟語の構成のしかたには次のようなものがある。

20点 2×10

ア　同じような意味の漢字を重ねたもの　（**道路**）
イ　反対または対応の意味を表す字を重ねたもの　（**前後**）
ウ　上の字が下の字を修飾しているもの　（**紅葉**）
エ　下の字が上の字の目的語・補語になっているもの　（**育児**）
オ　上の字が下の字の意味を打ち消しているもの　（**無害**）

次の熟語は、右の**ア～オ**のどれにあたるか、**一つ**選び、**記号**で記せ。

1 甚大（　　）
2 就学（　　）
3 添削（　　）
4 無視（　　）
5 謙譲（　　）

6 佳境（　　）
7 帰郷（　　）
8 衆寡（　　）
9 互恵（　　）
10 頻繁（　　）

四 次の**四字熟語**について、問1と問2に答えよ。

問1 次の**四字熟語**の（1〜10）に入る適切な語を下の□の中から選び、**漢字二字**で記せ。

20点 2×10

ア 百花（1）
イ 情状（2）
ウ 興味（3）
エ 吉凶（4）
オ 巧遅（5）
カ（6）気鋭
キ（7）一顧
ク（8）自若

さくぜん
しゃくりょう
せっそく
ふりゅう
はくらく
せいほう
かふく
しょうそう
たいぜん
うんすい

五 次の1〜5の**対義語**、6〜10の**類義語**を後の□の中から選び、**漢字**で記せ。□の中の語は一度だけ使うこと。

20点 2×10

対義語

1 閑静（　）
2 勤勉（　）
3 遅刻（　）
4 着手（　）
5 獲得（　）

類義語

6 激励（　）
7 参観（　）
8 幽閉（　）
9 息災（　）
10 頓着（　）

そうしつ・けんがく・けんそう・そうたい・こぶ・たいだ・かんせい・かんきん・こうでい・ぶじ

ケ（9　　）文字

コ（10　　）行脚

問2 次の11〜15の**意味**にあてはまるものを 問1 **のア〜コの四字熟語**から**一つ**選び、**記号**で記せ。

10点 2×5

11 僧が修行して、諸国を巡り歩くこと。（　　）

12 裁判官が諸事情を考慮して刑を軽減すること。（　　）

13 巧みで遅いより、へたでも速い方がよいこと。（　　）

14 年齢が若くて意気盛んなこと。（　　）

15 心が落ち着いていて、少しも動揺しない様子。（　　）

六

次の――線の**カタカナ**を**漢字**に直せ。

20点 2×10

1 勝利の**カンゲキ**にひたる。（　　）

2 友人を**カンゲキ**にさそう。（　　）

3 生徒の家族を**ユウタイ**する。（　　）

4 昨年末、委員長が**ユウタイ**した。（　　）

5 この切符は一か月間**ユウコウ**です。（　　）

6 隣の町の学校と**ユウコウ**をふかめる。（　　）

7 **エイリ**な直感で真相を見抜く。（　　）

8 この団体は**エイリ**を目的にしている。（　　）

9 両手をついて**アヤマ**る。（　　）

10 薬品の使用方法を**アヤマ**る。（　　）

(七)

次の各文にまちがって使われている**同じ読みの漢字**が**一字**ある。
上に誤字を、**下に正しい漢字**を記せ。

10点 2×5

1 離職後の第二の人生を重実させるには、やりがい、生きがいを感じるものを見つけるのが一番だ。　（　・　）

2 漢字は重法なもので、読めなくてもある種の絵や図案のように、意味の大よそを伝えてくれることが多い。　（　・　）

3 結婚に成功する最も肝要な条件は、婚約時代に永遠のつながりを結びたいという意志が真倹であることだ。　（　・　）

4 「百年に一度の危機」という言葉に象徴されるように、現在は歴史の大転換期であることが広く認識されている。　（　・　）

(九)

次の――線の**カタカナ**を**漢字**に直せ。

50点 2×25

1 事態の悪化を**ユウリョ**する。（　）

2 荷物の配送を**イタク**する。（　）

3 自然の恵みを**キョウジュ**する。（　）

4 成功するか否かは**ビミョウ**だ。（　）

5 前任者の方針を**トウシュウ**する。（　）

6 入院中の**カンジャ**を診察する。（　）

7 彼は**マンシン**して練習を怠ける。（　）

8 **ケンシン**的に病人の世話をする。（　）

9 人事異動で課長に**ショウカク**する。（　）

10 今日は**シツド**が高く、蒸し暑い。（　）

11 **ユカイ**な仲間と大いに語り合う。（　）

12 年に一度、胃の**ケンシン**を受ける。（　）

5 これから数十年、真の多局化が進み、「超大国がいらなくなった世界」では、当然、影響力行使の手段も変わる。
（　・　）（　・　）

八

次の――線のカタカナを漢字一字と送りがな（ひらがな）に直せ。

10点 2×5

〈例〉誕生日に友達をヨブ。（呼ぶ）

1 風で木の葉がユレル。（　）
2 忘れ物を取りに家にモドル。（　）
3 疲れた手足をノバシて休む。（　）
4 学校は好きだが勉強はキライだ。（　）
5 少しの時間をオシンで本を読む。（　）

13 シショウについて茶道の修業を積む。（　）
14 あの人はジョウダンばかり言っている。（　）
15 紅葉の美しいケイコクをさかのぼる。（　）
16 セイサイを放つデザインに人が集まる。（　）
17 地震のため、道路の一部がカンボツした。（　）
18 ナナめに帽子をかぶる。（　）
19 ウルオいのある人生を送る。（　）
20 本をムサボるようにして読む。（　）
21 ヘイの上に猫がのぼっている。（　）
22 妹はアマいものには目がない。（　）
23 姉に書道を習うようにススめる。（　）
24 スランプにオチイってヒットが出ない。（　）
25 今になってクやんでもしかたがない。（　）

第4回

第5回 模擬試験

試験時間 60分

合格基準 160点

得点 /200点

(一)

次の——線の漢字の読みをひらがなで記せ。

30点 1×30

1 新しい教授法を**実践**する。（　　）
2 事件の**渦中**に巻き込まれる。（　　）
3 **建坪**十坪の狭い住宅に住む。（　　）
4 部屋の**片隅**にベッドを置く。（　　）
5 敵軍は早々に**撤退**していった。（　　）
6 救急病院に**急患**が運び込まれる。（　　）
7 **惰性**に流されないようにしたい。（　　）
8 地震によって**甚大**な被害を受けた。（　　）
9 深夜遅く、**患者**の容体が急変した。（　　）
10 リンゴの**果汁**を赤ん坊に飲ませる。（　　）
11 この海域は**暗礁**が多いから要注意だ。（　　）
12 **懸命**の努力を続けて目的を達成した。（　　）
13 この地方ではしいたけの**栽培**が盛んだ。（　　）

(二)

次の漢字の部首を記せ。

〈例〉草（艹）

10点 1×10

1 畝（　　）
2 亜（　　）
3 磨（　　）
4 践（　　）
5 繊（　　）
6 薦（　　）
7 逝（　　）
8 誓（　　）
9 窃（　　）
10 旋（　　）

14 昨年の優勝校から優勝旗が**返還**される。（　　）
15 温厚な彼も、ついに**堪忍袋**の緒が切れた。（　　）
16 **干潟**の水たまりに、小さな魚を見つける。（　　）
17 労使双方の意見が一致し、交渉は**妥結**した。（　　）
18 **頑迷**な彼も妻の説得には折れることが多い。（　　）
19 あの男は十年に一人出るか出ないかの**逸材**だ。（　　）
20 国益をかけて、議論の**応酬**が果てしなく続いた。（　　）
21 この**私塾**から社会で活躍する有能な人材が輩出した。（　　）
22 新社屋の完成予想図を**披露**する。（　　）
23 働いて日々の**糧**を得る。（　　）
24 新居に家具を**据**え付ける。（　　）
25 これは鑑賞に**堪**える作品だ。（　　）
26 一芸に**秀**でた人を採用する。（　　）
27 **煩**わしいもめ事から解放される。（　　）
28 **愁**いを含んだ目が印象的だった。（　　）
29 **忌**まわしい事件が連続して起きた。（　　）
30 おいしくて、**且**つ栄養が豊富な食べ物。（　　）

第5回

(三)

熟語の構成のしかたには次のようなものがある。

/20点 2×10

ア　同じような意味の漢字を重ねたもの　（**道路**）
イ　反対または対応の意味を表す字を重ねたもの　（**前後**）
ウ　上の字が下の字を修飾しているもの　（**紅葉**）
エ　下の字が上の字の目的語・補語になっているもの　（**育児**）
オ　上の字が下の字の意味を打ち消しているもの　（**無害**）

次の熟語は、右の**ア〜オ**のどれにあたるか、**一つ**選び、**記号**で記せ。

1 尊崇（　　）
2 学費（　　）
3 昇級（　　）
4 慶弔（　　）
5 未納（　　）

6 繊細（　　）
7 雅俗（　　）
8 熟知（　　）
9 握手（　　）
10 核心（　　）

四 次の**四字熟語**について、問1と問2に答えよ。

問1 次の**四字熟語**の（1～10）に入る適切な語を下の□の中から選び、**漢字二字**で記せ。

20点 2×10

ア 初志（1）
イ 忙中（2）
ウ 窮途（3）
エ 煩言（4）
オ 衆寡（5）
カ（6）多生
キ（7）漠漠
ク（8）非道

ふてき
かんてつ
ざんこく
せいじゃく
まつろ
ゆうかん
さいじ
いっせつ
ふはい
くうくう

五 次の1～5の**対義語**、6～10の**類義語**を後の□の中から選び、**漢字**で記せ。□の中の語は一度だけ使うこと。

20点 2×10

対義語

1 簡潔（　）
2 尊重（　）
3 用心（　）
4 干渉（　）
5 存続（　）

類義語

6 依頼（　）
7 英傑（　）
8 頑固（　）
9 堪忍（　）
10 協議（　）

いたく・はいし・ごうじょう・むし・
しんぼう・いじん・ゆだん・ほうにん・
そうだん・じょうまん

ケ（9　　）堕落
コ（10　　）閑雅

問2 次の11〜15の**意味**にあてはまるものを**問1**の**ア〜コの四字熟語**から**一つ**選び、**記号**で記せ。

10点 2×5

11 少数のものは、多数のものにはかなわないこと。（　　）
12 むごく人の道にはずれているさま。（　　）
13 忙しい中にも、ちょっとした暇はあるということ。（　　）
14 精神がたるみ、品行不良で身を持ちくずすこと。（　　）
15 最初の志を、最後まで貫き通すこと。（　　）

(六) 次の――線の**カタカナ**を**漢字**に直せ。

20点 2×10

1 この試合は**カンショウ**だった。（　　）
2 秋の夜、**カンショウ**にひたる。（　　）

3 段落の切れ目ごとに**カイギョウ**する。（　　）
4 駅前の繁華街に本屋を**カイギョウ**する。（　　）

5 勝利の**カイカン**が忘れられない。（　　）
6 この博物館は九時に**カイカン**します。（　　）

7 連日の徹夜では**ヒロウ**するのは当然だ。（　　）
8 彼女は公会堂でピアノの腕を**ヒロウ**する。（　　）

9 ボートを岸に**ツ**ける。（　　）
10 パンにバターを**ツ**ける。（　　）

第5回

(七) 次の各文にまちがって使われている**同じ読みの漢字**が**一字**ある。**上に誤字**を、**下に正しい漢字**を記せ。

10点 2×5

1 中高年世代、とくに定年退職世代は、耐久消費材や衣料品をいまさら大量に買い込む世代ではない。（　・　）

2 野党になった自由民主党がまずとりかかったのが、党の理念の再構築、すなわち、新鋼領の策定でした。（　・　）

3 償賛されたときでなく、叱られたときに謙譲さを失わない人があれば、その人間は真に謙譲なのである。（　・　）

4 日本に住んでいる限りは、やはり日本語を徹低的に学ぶ必要があります。英語は単なる伝達手段に過ぎません。

(九) 次の——線の**カタカナ**を**漢字**に直せ。

50点 2×25

1 情景を巧みに**ビョウシャ**する。（　）

2 旬の食材を**ショウミ**する。（　）

3 行方不明者を**タンサク**する。（　）

4 老後は**ユウフク**に暮らしたい。（　）

5 演芸会で日本**ブヨウ**を踊る。（　）

6 会長の**ホサ**役として働く。（　）

7 国境地帯の**フンソウ**が拡大する。（　）

8 あいつの**コンタン**は見え見えだ。（　）

9 台風の**マエブ**れで強い雨が降る。（　）

10 全員が集まって記念**サツエイ**をする。（　）

11 矢のような**サイソク**に困り果てる。（　）

12 山田さんとは**コンイ**にしている。（　）

5 理想は我々自身の中にある。同時に、その達成に対するもろもろの傷害もまた、我々自身の中にある。
（　・　）
（　・　）

八

次の――線の**カタカナ**を**漢字一字と送りがな（ひらがな）**に直せ。

10点 2×5

〈例〉誕生日に友達をヨブ。（呼ぶ）

1 急に質問されて**アセッ**た。（　）
2 風呂に入ってよく**アタタマル**。（　）
3 事故が計画の進行を**ハバン**だ。（　）
4 台風の勢力はすっかり**オトロエ**た。（　）
5 この天気も午後から**クズレル**だろう。（　）

13 会社の**フンショク**決算が明るみに出る。（　）
14 先生に作文の**テンサク**をお願いする。（　）
15 あの夫人は**シュクトク**の誉れ高い方だ。（　）
16 あの絵は彼の作品の中でも**ケッサク**だ。（　）
17 雨のため、遊園地は**カンサン**としている。（　）
18 **メグ**まれた環境で育つ。（　）
19 それは**アヤマ**った考え方だ。（　）
20 演説で、その問題に**フ**れる。（　）
21 計画を実行するように**ウナガ**す。（　）
22 人目を**シノ**んでひっそり暮らす。（　）
23 二つの村を**アワ**せて一つの町にする。（　）
24 妹はもうじき隣り町に**トツ**いで行く。（　）
25 急用ができて、**アワ**ただしく出かけた。（　）

第5回

第6回 模擬試験

試験時間 60分

合格基準 160点

得点 /200点

(一)

次の――線の**漢字の読み**をひらがなで記せ。

30点 1×30

1 神前で結婚の**誓詞**を読む。（　）
2 飛行機が上空を**旋回**する。（　）
3 首位から最下位に**陥落**する。（　）
4 首相**官邸**で閣僚が話し合う。（　）
5 紅葉のきれいな**渓流**を訪れる。（　）
6 彼は**冷徹**な判断力の持ち主だ。（　）
7 同志を**糾合**して団体を結成する。（　）
8 政界と財界の**癒着**が問題となる。（　）
9 **所嫌**わず大声で騒がれては迷惑だ。（　）
10 訪問販売で**欠陥**商品を買わされた。（　）
11 交通事故の原因を詳しく**分析**する。（　）
12 陸軍**少尉**だった人の手記を読む。（　）
13 明治生まれの祖父は**頑固**一徹な人だ。（　）

(二)

次の漢字の**部首**を記せ。

〈例〉草（艹）

10点 1×10

1 甚（　）
2 刃（　）
3 礁（　）
4 縄（　）
5 摩（　）
6 貞（　）
7 邸（　）
8 崇（　）
9 剰（　）
10 帥（　）

14 今回は**遺憾**ながらご期待にそえません。（　）
15 ハンカチの**四隅**に花模様を刺しゅうする。（　）
16 敵の**挑発**に乗って作戦を誤ってしまった。（　）
17 彼がいるだけで職場の**雰囲気**が明るくなる。（　）
18 帰国した選手団が拍手**喝采**の歓迎を受ける。（　）
19 宣伝によって消費者の**購買**意欲をかきたてる。（　）
20 双方の話し合いで解決がつかず、**訴訟**に持ち込む。（　）
21 かれは**頑迷**で、人の忠告に耳を貸すことは決してない。（　）
22 あの俳優は演技に**開眼**したようだ。（　）
23 地元の商店街が**廃**れる。（　）
24 身も心も**汚**れてしまった。（　）
25 敷居の**溝**にほこりがたまる。（　）
26 戦後の混乱の時代を**顧**みる。（　）
27 野菜が**軟**らかくなるまで煮る。（　）
28 工夫を**凝**らして新製品を開発する。（　）
29 友人を**唆**して悪の道に引き入れる。（　）
30 父の意を**酌**んであとを継ぐことにした。（　）

第6回

（三） **熟語の構成**のしかたには次のようなものがある。

20点 2×10

ア 同じような意味の漢字を重ねたもの（**道路**）
イ 反対または対応の意味を表す字を重ねたもの（**前後**）
ウ 上の字が下の字を修飾しているもの（**紅葉**）
エ 下の字が上の字の目的語・補語になっているもの（**育児**）
オ 上の字が下の字の意味を打ち消しているもの（**無害**）

次の熟語は、右の**ア**～**オ**のどれにあたるか、**一つ**選び、**記号**で記せ。

1 詳述（　）
2 虚実（　）
3 緊迫（　）
4 遷都（　）
5 親交（　）
6 任免（　）
7 安寧（　）
8 転居（　）
9 不調（　）
10 強行（　）

四 次の四字熟語について、問1と問2に答えよ。

問1 次の四字熟語の（1〜10）に入る適切な語を下の□の中から選び、漢字二字で記せ。

20点 2×10

ア 窮年（1）
イ 普遍（2）
ウ 粉骨（3）
エ 合従（4）
オ 従容（5）
カ（6）抹殺
キ（7）管弦
ク（8）一刻

ふはく
しか
だとう
れんこう
しゅんしょう
るいせい
さいしん
いっぴつ
はっぷん
じんらい

五 次の1〜5の対義語、6〜10の類義語を後の□の中から選び、漢字で記せ。□の中の語は一度だけ使うこと。

20点 2×10

対義語

1 貸与（　）
2 強壮（　）
3 架空（　）
4 協調（　）
5 淡泊（　）

類義語

6 丈夫（　）
7 辛酸（　）
8 性急（　）
9 通念（　）
10 技量（　）

じつざい・けんろう・しゃくよう・
たいりつ・くなん・きょじゃく・
のうこう・たんき・しゅわん・じょうしき

ケ（9　　　　）興気

コ（10　　　　）風烈

問2 次の11〜15の**意味**にあてはまるものを**問1**のア〜コの**四字熟語**から**一つ**選び、**記号**で記せ。

10点 2×5

11 ゆったりと落ち着いている様子。（　　）

12 気持ちを奮い立たせて励むこと。（　　）

13 すべてに共通して当てはまること。（　　）

14 力の限り努力すること。（　　）

15 よく考えないで、すべて消し去ること。（　　）

第6回

(六) 次の――線の**カタカナ**を**漢字**に直せ。

20点 2×10

1 実力不足で**カンパイ**する。（　　）

2 合格を祝って**カンパイ**する。（　　）

3 国語辞典を**カイテイ**する。（　　）

4 沈没船を**カイテイ**から引き上げる。（　　）

5 自分に**ユウリ**になるように話す。（　　）

6 現実と**ユウリ**した議論を繰り返す。（　　）

7 雨は先月の末**イライ**降っている。（　　）

8 テレビが故障したので修理を**イライ**した。（　　）

9 薬を飲んで風邪を**ナオ**す。（　　）

10 先生が生徒の作文を**ナオ**す。（　　）

㈦ 次の各文にまちがって使われている**同じ読みの漢字**が**一字**ある。**上に誤字**を、**下に正しい漢字**を記せ。

10点 2×5

1 大人物と小人物の差違は、一度意を決すれば死ぬまでやり遂げるという覚悟があるかないかにある。（　・　）

2 新しいことに功奇心を持つことは若い証拠だと言います。外国語を始めたいと思うのは若さの証明です。（　・　）

3 他人の書物を読むことに時間を費やせ。他人が辛苦したものによって容易に自己の改全をなしとげられる。（　・　）

4 人生で一番大切な事は、失敗したら歯をくいしばって我漫し、成功してもすぐ有頂天にならないことだ。

㈨ 次の――線の**カタカナ**を**漢字**に直せ。

50点 2×25

1 悪質な中傷に**ゲキド**する。（　）

2 大雪で交通が**ジュウタイ**する。（　）

3 地震で道路が**カンボツ**する。（　）

4 風水害の対策に**クリョ**する。（　）

5 これは**トクシュ**な事例である。（　）

6 **センタクシ**はいくらでもある。（　）

7 友人の悲報に**ショウゲキ**を受ける。（　）

8 **シンボウ**強く何年も機会を待つ。（　）

9 土地の調査を業者に**イショク**する。（　）

10 都市の人口が**ホウワ**状態になる。（　）

11 損害**バイショウ**の話し合いを進める。（　）

12 辞書の後に**サクイン**がついている。（　）

5 将来不安を解消し、若い世代にお金を移展すれば、一部は貯蓄に向かっても、かなりの額は消費に回るはずです。
（　・　）（　・　）

八

次の——線の**カタカナ**を**漢字一字**と**送りがな（ひらがな）**に直せ。

10点 2×5

〈例〉誕生日に友達を**ヨブ**。（呼ぶ）

1 真相を闇から闇に**ホウムル**。（　　）
2 捨てられた猫を**アワレム**。（　　）
3 美しい紅葉に目を**ウバワ**れる。（　　）
4 この村は津波の被害を**マヌガレ**た。（　　）
5 新婦は**ツツマシク**新郎に寄り添っている。（　　）

---

13 ケーブルの**マイセツ**工事が行われる。（　　）
14 人間は太陽の**オンケイ**を受けている。（　　）
15 彼は試合で**シュンビン**な動きを見せた。（　　）
16 **タイダ**な生活がすっかり身についた。（　　）
17 ためになる**シサ**に富んだ話を聞いた。（　　）
18 柱時計が**カタム**いている。（　　）
19 人前に出るのを**ヒカ**える。（　　）
20 情報が**モ**れるおそれがある。（　　）
21 父が大きなさばを**ツ**ってきた。（　　）
22 失敗を思い出して自分を**イマシ**める。（　　）
23 年ごろの姉のことに母は心を**クダ**く。（　　）
24 お客様を失礼のないように**アツカ**う。（　　）
25 けんかをしないで**オダ**やかに話し合おう。（　　）

第6回

第7回 模擬試験

試験時間 60分

合格基準 160点

得点 /200点

(一)

次の――線の漢字の読みをひらがなで記せ。

30点 1×30

1 彼は**崇高**な理念を貫き通す。（　　）
2 冷蔵庫の中に**脱臭剤**を置く。（　　）
3 投稿した**川柳**が雑誌に載る。（　　）
4 **呉服店**で晴れ着をあつらえる。（　　）
5 **窮屈**な座席でくつろげなかった。（　　）
6 傷害事件の証人として**出廷**する。（　　）
7 カードで翌月**一括**払いにして買う。（　　）
8 **門扉**を開けて訪問客を招じ入れる。（　　）
9 両者の対戦はまさに**竜虎**の争いだ。（　　）
10 長野では果樹を**栽培**する農家が多い。（　　）
11 日照りが続いて水**飢饉**が心配される。（　　）
12 国連の常任理事国が**拒否権**を行使する。（　　）
13 医者の診断の結果、**懐妊**が明らかになる。（　　）

(二)

次の漢字の部首を記せ。

〈例〉草（艹）

10点 1×10

1 泰（　　）
2 駄（　　）
3 呈（　　）
4 勅（　　）
5 懲（　　）
6 眺（　　）
7 惰（　　）
8 弔（　　）
9 衷（　　）
10 痴（　　）

14 会場には着飾った**紳士**淑女であふれている。（　　）
15 事故の責任を取らされて**懲戒**処分を受ける。（　　）
16 長距離の悪路を走行してタイヤが**損耗**する。（　　）
17 商品の納入をよそおって小切手を**詐取**する。（　　）
18 いい仕事をするために、広く**逸材**を求める。（　　）
19 輸入される植物には、厳しい**検疫**が行われる。（　　）
20 改革を実行に移すには時期**尚早**との意見が出た。（　　）
21 あの青年は近頃には珍しい**質朴**さを持っている。（　　）
22 人に**言質**をとられないようにしなさい。（　　）
23 めっきり体力が**衰**えた。（　　）
24 車を安い値で友達に**譲**る。（　　）
25 **競**り合った末に優勝を逃す。（　　）
26 はずかしそうに眼を**伏**せる。（　　）
27 不注意に**因**る事故が多発する。（　　）
28 まぶしくて、しきりに目を**瞬**く。（　　）
29 **華**やかなパレードに目を奪われる。（　　）
30 背広とネクタイがよく**釣**り合っている。（　　）

第7回

(三)

熟語の構成のしかたには次のようなものがある。

20点 2×10

ア 同じような意味の漢字を重ねたもの　（**道路**）
イ 反対または対応の意味を表す字を重ねたもの　（**前後**）
ウ 上の字が下の字を修飾しているもの　（**紅葉**）
エ 下の字が上の字の目的語・補語になっているもの　（**育児**）
オ 上の字が下の字の意味を打ち消しているもの　（**無害**）

次の熟語は、右の**ア～オ**のどれにあたるか、**一つ**選び、**記号**で記せ。

1 着工（　　）
2 去就（　　）
3 激賞（　　）
4 怠惰（　　）
5 移籍（　　）
6 無限（　　）
7 威嚇（　　）
8 出没（　　）
9 快勝（　　）
10 湿潤（　　）

(四) 次の**四字熟語**について、問1と問2に答えよ。

問1 次の**四字熟語**の（1〜10）に入る適切な語を下の□の中から選び、**漢字二字**で記せ。

20点 2×10

ア 時期（1）
イ 附和（2）
ウ 意馬（3）
エ 森羅（4）
オ 襲名（5）
カ（6）就義
キ（7）栄華
ク（8）殺牛

しょうそう
ひろう
しんえん
ふうき
がだ
はじゃ
らいどう
ばんしょう
しょうよう
きょうかく

(五) 次の1〜5の**対義語**、6〜10の**類義語**を後の□の中から選び、**漢字**で記せ。□の中の語は一度だけ使うこと。

20点 2×10

対義語

1 治癒（　）
2 公然（　）
3 統一（　）
4 解決（　）
5 虚構（　）

類義語

6 上品（　）
7 局面（　）
8 間隔（　）
9 横領（　）
10 栄達（　）

じじつ・しゅっせ・ふんきゅう・ぶんれつ・じたい・ちゃくふく・はつびょう・ゆうが・きょり・ないみつ

ケ（9　　　）添足

コ（10　　　）顕正

問2 次の11～15の**意味**にあてはまるものを**問1**の**ア～コの四字熟語**から**一つ**選び、**記号**で記せ。

/10点 2×5

11 先代の名を継いだことを、広く知らせること。（　　）

12 ある物事を実行するには、まだ時期が早すぎること。（　　）

13 不正を打破し、正義を明らかにすること。（　　）

14 宇宙のすべての事物や現象。（　　）

15 余計なものをつけ足して、失敗すること。（　　）

第7回

（六）

次の——線の**カタカナ**を**漢字**に直せ。

/20点 2×10

1 **カクジツ**な情報を知らせる。（　　）

2 島に行く船は**カクジツ**に出る。（　　）

3 銀行から**ユウシ**を受ける。（　　）

4 はるかに富士の**ユウシ**をのぞむ。（　　）

5 年を取ると**シカク**がおとろえる。（　　）

6 母は看護師の**シカク**をもっている。（　　）

7 バケツの**ヨウリョウ**いっぱいに水を入れる。（　　）

8 弟の話は**ヨウリョウ**を得なくてよくわからない。（　　）

9 毎朝六時に目が**サ**める。（　　）

10 仕事に対する情熱が**サ**める。（　　）

㈦ 次の各文にまちがって使われている**同じ読みの漢字**が**一字**ある。**上に誤字**を、**下に正しい漢字**を記せ。

10点 2×5

1 定年前の地位が高かった人ほど、定年を境にガラリと生活が変わることに絶えられないといいます。（　・　）

2 照明デザイナーとして「光でまちを美しくしたい」という思いから、景観照明の可能性を模策してきた。（　・　）

3 日本が観光立国を目指すからには、少なくとも来日する観光客を陪増させて均衡状態にする必要があるだろう。（　・　）

4 何よりも大切なことはもう一度日本人の生き方、美徳を取り戻すことだ。つまり国柄の復活と価値観の転喚だ。

㈨ 次の――線の**カタカナ**を**漢字**に直せ。

50点 2×25

1 マスセキで相撲を見物する。（　）

2 村がキキンに見舞われた。（　）

3 ヒメイを聞いて駆けつける。（　）

4 この土地は地盤がナンジャクだ。（　）

5 事件のゼンボウが明らかになる。（　）

6 土地の権利を妻にジョウヨする。（　）

7 父は今、ごキゲンななめです。（　）

8 調査のコウモクを箇条書きにする。（　）

9 健康と一家の繁栄をキガンする。（　）

10 少数意見でもモクサツはできない。（　）

11 アイシュウをおびた歌声が聞こえる。（　）

12 国を挙げて文化のコウリュウをはかる。（　）

5 デフレは経済活動を疲閉させる。ただ、この害悪はなかなか目に見えづらく、それが幅広く一般に理解されづらい。
（　・　）
（　・　）

八

次の――線の**カタカナ**を**漢字一字と送りがな（ひらがな）**に直せ。

10点（2×5）

〈例〉誕生日に友達をヨブ。（呼ぶ）

1 不可解な行動を**アヤシム**。（　）

2 壁にカレンダーを**カケル**。（　）

3 君の考え方は**カタヨッ**ている。（　）

4 この歌人を長年師と**アオイ**でいる。（　）

5 そんなことで心を**ワズラワス**ことはない。（　）

第7回

13 同じ週刊誌を**ケイゾク**して購読する。（　）

14 **ガクシュウジュク**に通う子供たちが増える。（　）

15 健康のためにスポーツを**ショウレイ**する。（　）

16 空港で、入国するための**ケンエキ**を受ける。（　）

17 橋の**ランカン**にもたれて川の流れを眺める。（　）

18 兄は家の商売を**ツ**ぐ。（　）

19 軽はずみな言動を**ツツシ**む。（　）

20 部屋の**スミ**で猫が寝ている。（　）

21 宿泊料金にチップも**フク**める。（　）

22 **カ**の鳴くような声で答える。（　）

23 余計な口出しをして話を**コワ**す。（　）

24 お父さんを亡くした友達を**ナグサ**める。（　）

25 過去の栄光の日々が**マボロシ**のように浮かぶ。（　）

第8回 模擬試験

試験時間 60分
合格基準 160点
得点 /200点

㈠ 次の――線の**漢字の読み**をひらがなで記せ。

30点 1×30

1 隣家の住人と**懇意**になる。（　）
2 ますを**薫製**にして保存する。（　）
3 酔っぱらって**醜態**を演じる。（　）
4 ボランティア活動を**顕彰**する。（　）
5 異文化に**寛容**な社会を目指す。（　）
6 麻薬**撲滅**のキャンペーンを行う。（　）
7 平和こそ人類**普遍**の目標である。（　）
8 来週には**棟上**げができるだろう。（　）
9 **森閑**として館内は人影もまばらだ。（　）
10 **扶養**家族が多いので生活が苦しい。（　）
11 **叔母**は母と一緒に温泉に出かけた。（　）
12 悪事が発覚して**年貢**の納め時を知る。（　）
13 友人のためにさまざまな**便宜**を図る。（　）

㈡ 次の漢字の**部首**を記せ。

〈例〉草（艹）

10点 1×10

1 升（　）
2 曹（　）
3 藻（　）
4 喪（　）
5 叙（　）
6 肖（　）
7 妥（　）
8 頒（　）
9 霜（　）
10 堕（　）

14 人々の改革に向ける意欲が**醸成**される。（　　）
15 会員名簿から退会者の名前を**抹消**する。（　　）
16 **詐欺**をはたらいた男が警察に逮捕される。（　　）
17 私は**私淑**する作家の全作品を読んでいる。（　　）
18 長い年月を経て東西文化の**融合**がみられた。（　　）
19 現場監督の**宰領**で作業は夜通し続けられた。（　　）
20 被害者は国に**賠償**を要求して訴訟を起こした。（　　）
21 姉の結婚により、姉の夫の家と**姻族**関係になる。（　　）
22 昨夜、子供が**風邪**をこじらせたようだ。（　　）
23 木でくまの置物を**彫**る。（　　）
24 月光が木の間から**漏**れる。（　　）
25 **謹**んでお祝い申し上げます。（　　）
26 欲望の**赴**くままに行動する。（　　）
27 隣の犬はなかなか**懐**かない。（　　）
28 小言を言われて**膨**れっ面をする。（　　）
29 タクシーを**雇**って市内観光をする。（　　）
30 友を失った悲しみが日ましに**募**る。（　　）

三

熟語の構成のしかたには次のようなものがある。

20点 2×10

ア　同じような意味の漢字を重ねたもの（**道路**）
イ　反対または対応の意味を表す字を重ねたもの（**前後**）
ウ　上の字が下の字を修飾しているもの（**紅葉**）
エ　下の字が上の字の目的語・補語になっているもの（**育児**）
オ　上の字が下の字の意味を打ち消しているもの（**無害**）

次の熟語は、右の**ア～オ**のどれにあたるか、**一つ**選び、**記号**で記せ。

1 露顕（　　）
2 指名（　　）
3 温情（　　）
4 未定（　　）
5 正邪（　　）
6 俊秀（　　）
7 謝罪（　　）
8 任期（　　）
9 興廃（　　）
10 陥没（　　）

第8回

四 次の**四字熟語**について、問1と問2に答えよ。

問1 次の**四字熟語**の（1〜10）に入る適切な語を下の□の中から選び、**漢字二字**で記せ。

20点 2×10

ア 対症（1）
イ 伯仲（2）
ウ 英俊（3）
エ 自縄（4）
オ 生死（5）
カ （6）楽禍
キ （7）壮大
ク （8）閑居

ごうけつ
るてん
たいざん
かやく
こうさい
しゅくき
じばく
きう
こうか
しょうじん

五 次の1〜5の**対義語**、6〜10の**類義語**を後の□の中から選び、**漢字**で記せ。□の中の語は一度だけ使うこと。

20点 2×10

対義語

1 共同（ ）
2 撤退（ ）
3 豊富（ ）
4 末尾（ ）
5 相違（ ）

類義語

6 遺憾（ ）
7 唐突（ ）
8 熱中（ ）
9 留意（ ）
10 地味（ ）

ぼうとう・ざんねん・たんどく・
ぼっとう・しっそ・しんしゅつ・ふい・
けつぼう・いっち・ようじん

ケ（9）北斗

コ（10）放吟

問2 次の11～15の**意味**にあてはまるものを**問1**の**ア～コの四字熟語**から**一つ**選び、**記号**で記せ。

10点 2×5

11 人並みはずれて優れている人物。（　）

12 ある分野の第一人者、権威者。（　）

13 問題点に合わせて、適切な処置を講ずること。（　）

14 生と死を何度も繰り返すこと。（　）

15 人の不幸を喜ぶこと。（　）

(六) 次の――線の**カタカナ**を**漢字**に直せ。

20点 2×10

1 **ジョウザイ**を一般から広く募る。（　）
2 **ジョウザイ**を駅前の薬局で買う。（　）

3 今日だけは**レイガイ**を認める。（　）
4 **レイガイ**による稲の不作が心配だ。（　）

5 **シショウ**について日本舞踊を習う。（　）
6 病気をして勉強に**シショウ**をきたす。（　）

7 窓を**カイホウ**して空気の入れかえをする。（　）
8 熱も下がり病気は**カイホウ**にむかっている。（　）

9 **アツ**いおしぼりで顔をふく。（　）
10 昨日は**アツ**くて眠れなかった。（　）

第8回

(七)

次の各文にまちがって使われている**同じ読みの漢字**が**一字**ある。**上に誤字**を、**下に正しい漢字**を記せ。

10点 2×5

1 最近、地域社会は崩解してしまった。皆、多忙とプライバシーをふりかざし、バラバラに住んでいる。（　・　）

2 日本の多くの都市では、明治以来およそ百年の間、都市景観に配慮した街づくりが行われてこなかった。（　・　）

3 終身雇用を柱とする日本型雇用というものは、世界的に見てほとんど唯一といっていいほど珍しい形体である。（　・　）

4 所得税か消費税かという話になると、専問家の意見は「消費税率の引き上げが望ましい」でほぼ一致している。（　・　）

(九)

次の――線の**カタカナ**を**漢字**に直せ。

50点 2×25

1 落ち葉に**アイシュウ**を感じる。（　）

2 警察の**ソウサ**に協力する。（　）

3 人権の**ヨウゴ**に力を尽くす。（　）

4 **タクエツ**した才能を発揮する。（　）

5 母は幸福な**ショウガイ**を送った。（　）

6 優勝候補と**ゴカク**に勝負する。（　）

7 災害者を救う会に**ケンキン**する。（　）

8 議会で法案の**ヨウコウ**を説明する。（　）

9 教師と保護者の**レンケイ**を強める。（　）

10 彼は**レイテツ**な判断力の持ち主だ。（　）

11 下山途中で**ライウ**に見舞われた。（　）

12 野生動物の**ミツリョウ**が跡を絶たない。（　）

5 現在のように、日本の国債が市場で難なく消下される状況が続くなら、国債残高が膨れ上がっても問題にならない。　（　・　）

八

次の——線の**カタカナ**を**漢字一字と送りがな（ひらがな）**に直せ。

10点 2×5

〈例〉誕生日に友達を<u>ヨブ</u>。（呼ぶ）

1 子供のころを**カエリミル**。（　）
2 横合いから話に口を**ハサム**。（　）
3 ままごと遊びはもう**アキ**た。（　）
4 生徒を**ヒキイ**て社会科見学に行く。（　）
5 一年前のことが**ナツカシク**思い出される。（　）

---

13 不正に対して**カンゼン**と立ち向かう。（　）
14 アメリカと通商条約を**ヒジュン**する。（　）
15 遺産相続に関して**ソショウ**に持ち込む。（　）
16 このような事件が起きて**イカン**に思う。（　）
17 経営不振で工場を**ヘイサ**することになった。（　）
18 口にうがい薬を**フク**む。（　）
19 近く会社を東京に**ウツ**す。（　）
20 事件の**ウズ**に巻き込まれる。（　）
21 シャツの**エリ**が汚れている。（　）
22 自分で**カセ**いだお金で本を買う。（　）
23 眼前に海を**ヒカ**えたホテルに泊まる。（　）
24 試験に合格し、天にも**ノボ**る思いだ。（　）
25 小型トラックを一日**ヤト**って荷物を運ぶ。（　）

第8回

第9回 模擬試験

試験時間 60分

合格基準 160点

得点 /200点

(一) 次の――線の漢字の読みをひらがなで記せ。

30点 1×30

1 彼女はとても**繊細**なんだ。（　）
2 相手との妥協点を**模索**する。（　）
3 市内を**循環**するバスに乗る。（　）
4 興奮の**余韻**がまだ残っている。（　）
5 収益の一部を社会に**還元**する。（　）
6 本をなくして**弁償**を要求された。（　）
7 **胸襟**を開いて話し合えばわかる。（　）
8 ガラスの**砕片**が路上に散乱する。（　）
9 人間は自由と平等を**享有**している。（　）
10 ホテルで**缶詰**になって原稿を書く。（　）
11 病人に**滋養**のあるものを食べさせる。（　）
12 彼女は**庶民**的な雰囲気の中で育った。（　）
13 太陽の内部では核**融合**が起こっている。（　）

(二) 次の漢字の部首を記せ。

〈例〉草（艹）

10点 1×10

1 嗣（　）
2 琴（　）
3 勲（　）
4 酌（　）
5 爵（　）
6 恭（　）
7 肢（　）
8 賜（　）
9 璽（　）
10 匀（　）

14 この薬は他の薬と**併用**してはいけない。（　　）

15 遠くから**宵祭**りのはやしが聞こえてくる。（　　）

16 満員のスタンドから**一斉**に拍手がおこる。（　　）

17 相手が理解しやすいように**秩序**立てて話す。（　　）

18 **斎場**ではしめやかに告別式が行われている。（　　）

19 だれにでもわかるように、くわしく**叙述**する。（　　）

20 あの二人は**犬猿**の仲だと、もっぱらのうわさだ。（　　）

21 **惰性**で練習を繰り返しているので一向に進歩しない。（　　）

22 この本は中身がとても**充実**している。（　　）

23 人の話を途中で**遮**るな。（　　）

24 暴風に行く手を**拒**まれる。（　　）

25 前言を**翻**して反対派につく。（　　）

26 悲しさのあまり顔面を**覆**う。（　　）

27 子供たちの向上心を**培**う教育。（　　）

28 **辛**うじて発車の時刻に間に合う。（　　）

29 種苗店で夏に咲く花の**苗**を買う。（　　）

30 山頂からの景色の美しさに**魅**せられる。（　　）

（三）

熟語の構成のしかたには次のようなものがある。

20点 2×10

ア 同じような意味の漢字を重ねたもの（**道路**）
イ 反対または対応の意味を表す字を重ねたもの（**前後**）
ウ 上の字が下の字を修飾しているもの（**紅葉**）
エ 下の字が上の字の目的語・補語になっているもの（**育児**）
オ 上の字が下の字の意味を打ち消しているもの（**無害**）

次の熟語は、右の**ア〜オ**のどれにあたるか、**一つ**選び、**記号**で記せ。

1 予知（　　）
2 解任（　　）
3 不足（　　）
4 緩急（　　）
5 省略（　　）

6 厳守（　　）
7 創業（　　）
8 授受（　　）
9 確証（　　）
10 迅速（　　）

四 次の四字熟語について、問1と問2に答えよ。

問1 次の四字熟語の（1〜10）に入る適切な語を下の□の中から選び、漢字二字で記せ。

20点 2×10

ア 快刀（1）
イ 垂頭（2）
ウ 堅忍（3）
エ 無駄（4）
オ 周知（5）
カ（6）禁断
キ（7）懲悪
ク（8）尚友

ふばつ
かんぜん
そうき
てってい
あんねい
らんま
ほうべん
どくしょ
しだい
せっしょう

五 次の1〜5の対義語、6〜10の類義語を後の□の中から選び、漢字で記せ。□の中の語は一度だけ使うこと。

20点 2×10

対義語

1 違反（　）
2 斬新（　）
3 根幹（　）
4 諮問（　）
5 独創（　）

類義語

6 宿怨（　）
7 胆力（　）
8 通行（　）
9 和解（　）
10 栄転（　）

しよう・もほう・どきょう・じだん・じゅんしゅ・ちんぷ・とうしん・いこん・おうらい・しょうしん

ケ（9）秩序

コ（10）才疎

問2 次の11～15の**意味**にあてはまるものを**問1**の**ア～コの四字熟語**から**一つ**選び、**記号**で記せ。

10点 2×5

11 仏教で、生き物を殺すのを禁ずること。（　）

12 断固たる思いで堪え忍び、意思を貫き通すこと。（　）

13 紛糾した事態を鮮やかに解決するようす。（　）

14 善を奨励し、悪を懲らしめること。（　）

15 世の中が平和に治まり、落ち着いていること。（　）

㈥ 次の――線の**カタカナ**を**漢字**に直せ。

20点 2×10

1 町に保育園が**カイセツ**された。（　）

2 問題の解き方を**カイセツ**する。（　）

3 十分**カンカク**でバスが出る。（　）

4 しびれて足の**カンカク**がなくなる。（　）

5 父の自慢話の**ヒロウ**が始まる。（　）

6 仕事が忙しくて**ヒロウ**がはげしい。（　）

7 **ヒョウケツ**した湖面でスケートを楽しむ。（　）

8 十分に意見を出し合ってから**ヒョウケツ**する。（　）

9 水たまりを**サ**けて通る。（　）

10 ブラウスがかぎ形に**サ**ける。（　）

第9回

(七)

次の各文にまちがって使われている**同じ読みの漢字**が**一字**ある。**上に誤字**を、**下に正しい漢字**を記せ。

10点 2×5

1 先進国経済の先行きに不透明感が高まっているのとは対照的に、新興国経済は力強く成長している。　（　・　）

2 人間はだんだん年をとって行くものだと終始考えていることほど、人間を迅促に老けさせるものはない。　（　・　）

3 日本の衰退は経済だけではない。官僚の志気は低下し、遂に検察までもが証拠陰滅を疑われるようになった。　（　・　）

4 学校や職業を、誤った興味から選択して、こんなはずではなかったと後改している人々は意外に多いのである。　（　・　）

(九)

次の――線の**カタカナ**を**漢字**に直せ。

50点 2×25

1 伝票と帳簿をショウゴウする。（　）

2 カソの山村を取材する。（　）

3 カンヨウな態度で人に接する。（　）

4 自動車が電柱にショウトツする。（　）

5 生産と消費のヘイコウを保つ。（　）

6 もめ事のホッタンは何かを探る。（　）

7 大統領のジジョデンを出版する。（　）

8 客を温かいココロヅカいでもてなす。（　）

9 一点をギョウシしたまま動かない。（　）

10 若いころの思い出をジュッカイする。（　）

11 不況で中小キギョウの倒産が相次ぐ。（　）

12 外国の雑誌から記事をショウヤクする。（　）

5 大切なことは、大志を抱きそれを成し遂げる技能と忍待を持つということである。その他はいずれも重要でない。
（　　・　　）
（　　・　　）

(八) 次の――線の**カタカナ**を**漢字一字と送りがな（ひらがな）**に直せ。

〈例〉誕生日に友達を**ヨブ**。（呼ぶ）

10点 2×5

1 人生の厳しさを**サトル**。（　　）

2 なごやかな雰囲気が**タダヨウ**。（　　）

3 勇気を**フルッ**て彼女に告白した。（　　）

4 犬を**コワガッ**て近寄ろうとしない。（　　）

5 父は長年、魚の研究に**タズサワッ**ています。（　　）

---

13 **コクショ**の折、お体を大切にして下さい。（　　）

14 係員が特別に**ベンギ**をはかってくれた。（　　）

15 プライバシーの**シンガイ**で訴えを起こす。（　　）

16 話し合いの結果、**ダトウ**な線で結論が出た。（　　）

17 小説家を**カンヅメ**にして原稿を書いてもらう。（　　）

18 心の**ヘダ**たりを感じる。（　　）

19 若かったころを**カエリ**みる。（　　）

20 **ニ**え切らない態度をとる。（　　）

21 この仕事は常に危険が**トモナ**う。（　　）

22 大雨で堤防が切れる**オソレ**がある。（　　）

23 長すぎる文章を**ケズ**って短くする。（　　）

24 外国から先生を**ムカ**えてお話を聞く。（　　）

25 辞退者が出たので**ク**り上げ当選となる。（　　）

第10回 模擬試験

試験時間 60分

合格基準 160点

得点 /200点

(一)

次の――線の**漢字の読み**をひらがなで記せ。

30点 1×30

1 **悲壮**な決意で戦いに臨む。（　）
2 大都市銀行の**傘下**に入る。（　）
3 **徹宵**して仕事をやり遂げる。（　）
4 一、二塁間で走者を**挟殺**する。（　）
5 情報の**真偽**を調査し確かめる。（　）
6 新入社員を**懇切**丁寧に指導する。（　）
7 **碁盤**の目のような京都の町並み。（　）
8 予算案をめぐり議論が**沸騰**する。（　）
9 話し方に**謹厳**実直な人柄が表れる。（　）
10 大会の経費を予算の**枠内**で収める。（　）
11 海底の深い所で、**地殻**変動が起こる。（　）
12 この本は**凸版**を使って刷ったものだ。（　）
13 インフルエンザ特有の**症状**が見られる。（　）

(二)

次の漢字の**部首**を記せ。

〈例〉草（艹）

10点 1×10

1 充（　）
2 臭（　）
3 囚（　）
4 叔（　）
5 庶（　）
6 享（　）
7 愁（　）
8 粛（　）
9 塾（　）
10 殉（　）

14 他国の文化に**偏見**をもってはいけない。（　）
15 ヘリコプターで空から遭難者を**捜索**する。（　）
16 **浅漬**けを少量なら血圧の高い人にもいい。（　）
17 指導者には時代を**洞察**する力が必要である。（　）
18 彼は難問を抱え**苦渋**に満ちた顔をしている。（　）
19 幹部が集まって各支部の活動状況を**総括**する。（　）
20 **渇水**のおそれがあるため、取水制限がとられる。（　）
21 今年一年の経済動向を**包括**した最終見通しを提出する。（　）
22 **功徳**を積むことが大事だと祖父は言う。（　）
23 冬のエベレストに**挑**む。（　）
24 **忌**まわしい記憶を忘れたい。（　）
25 **契**りを交わして親子となる。（　）
26 テレビを見ることに**飽**きる。（　）
27 危篤の報に**慌**てて駆けつける。（　）
28 二人の関係がだんだん**疎**くなる。（　）
29 今年は農作物の出来が**芳**しくない。（　）
30 この問題は理事会に**諮**って決めるべきだ。（　）

（三）

熟語の構成のしかたには次のようなものがある。

20点 (2×10)

ア　同じような意味の漢字を重ねたもの　（**道路**）
イ　反対または対応の意味を表す字を重ねたもの　（**前後**）
ウ　上の字が下の字を修飾しているもの　（**紅葉**）
エ　下の字が上の字の目的語・補語になっているもの　（**育児**）
オ　上の字が下の字の意味を打ち消しているもの　（**無害**）

次の熟語は、右の**ア～オ**のどれにあたるか、**一つ**選び、**記号**で記せ。

1 越境（　）
2 出納（　）
3 秘蔵（　）
4 素朴（　）
5 転身（　）
6 仮想（　）
7 贈答（　）
8 喪失（　）
9 無言（　）
10 余裕（　）

㈣ 次の**四字熟語**について、問1と問2に答えよ。

問1 次の**四字熟語**の(1〜10)に入る適切な語を下の□の中から選び、**漢字二字**で記せ。

20点 2×10

ア 徹頭(1)
イ 天懸(2)
ウ 万物(3)
エ 疾風(4)
オ 窮鳥(5)
カ (6)煩悩
キ (7)情緒
ク (8)少見

にゅうかい
ひゃくはち
せいどう
てつび
かぶん
ちかく
じんらい
いこく
かいげん
たいぎゅう

㈤ 次の1〜5の**対義語**、6〜10の**類義語**を後の□の中から選び、**漢字**で記せ。□の中の語は一度だけ使うこと。

20点 2×10

対義語

1 光明(　)
2 婉曲(　)
3 委細(　)
4 承諾(　)
5 発生(　)

類義語

6 対談(　)
7 共鳴(　)
8 穏便(　)
9 衝突(　)
10 真意(　)

がいりゃく・かいわ・ろこつ・きょぜつ・えんまん・あんこく・しょうめつ・さんせい・ほんね・たいりつ

ケ（9　　）供養

コ（10　　）弾琴

問2 次の11〜15の**意味**にあてはまるものを**問1**のア〜コの**四字熟語**から**一つ**選び、**記号**で記せ。

10点 2×5

11 仏教で、人のすべての迷いや苦しみのことをいう。（　　）

12 動きや変化が、素早く激しいこと。（　　）

13 骨を折っても、なんの意味も効果もないこと。（　　）

14 非常に違いが大きく、かけ離れていること。（　　）

15 見聞が狭くて、世間知らずなこと。（　　）

(六) 次の――線の**カタカナ**を**漢字**に直せ。

20点 2×10

1 あわててシツゲンを取り消す。（　　）

2 山のふもとにシツゲンが広がる。（　　）

3 きみの合格をカクシンしている。（　　）

4 問題のカクシンをつく質問をする。（　　）

5 委員長が講堂のエンダンにのぼる。（　　）

6 姉のエンダンがまとまり秋に挙式する。（　　）

7 いざというときのヨウイをしておこう。（　　）

8 この工事を完成させるのはヨウイではない。（　　）

9 おなかの痛みがトまる。（　　）

10 港に大きな船がトまっている。（　　）

第10回

(七) 次の各文にまちがって使われている**同じ読みの漢字**が**一字**ある。**上に誤字**を、**下に正しい漢字**を記せ。

10点 2×5

1 我々官僚はテーマに応じて勉強し、資料を集め、議論を煮詰めて、論点と選択枝を政治家に提示する。（　・　）

2 かつてのような競走社会に日本を戻し、アメリカのような超優秀な人を伸ばす社会構造にする必要がある。（　・　）

3 現役時代は、会社と家との往復に疲れ切って、自分が住む地域に目を向けることなどなかったかもしれません。（　・　）

4 目的は必ずしも達成されるために立てられるものではなく、照順点の役目をするために立てられるものである。（　・　）

(九) 次の――線の**カタカナ**を**漢字**に直せ。

50点 2×25

1 道路の**フウサ**を解除する。（　）

2 森の小屋に**ヨイヤミ**が迫る。（　）

3 事故の再発を**イカン**に思う。（　）

4 **ヘイタン**な道をひたすら歩く。（　）

5 話の**シュシ**は理解できました。（　）

6 **ラクタン**しきった顔で報告する。（　）

7 保険会社の**ショウガイ**係を務める。（　）

8 **フクツ**の精神で難関を突破する。（　）

9 最近の子供は体の**セイジュク**が早い。（　）

10 不景気で**ハイギョウ**に追い込まれた。（　）

11 規定に**ガイトウ**する者は少なかった。（　）

12 永年勤続者に記念品を**ゾウテイ**する。（　）

5 自給率が国策になった根拠には「日本は最大の食糧輸入国」で、「海外に食糧の大半を衣存している」との前提がある。
（　・　）（　）
（　・　）（　）

八

次の――線のカタカナを漢字一字と送りがな（ひらがな）に直せ。

2×5　10点

〈例〉誕生日に友達をヨブ。（呼ぶ）

1 魚をコガシてしまった。（　）
2 大部屋をついたてでヘダテル。（　）
3 秘書をトモナッて会議に出席する。（　）
4 あぶったするめをサイて食べる。（　）
5 みんなで知恵をシボッて解決策を考える。（　）

13 退院後、別荘でリョウヨウ生活を送る。（　）
14 東北地方はミンヨウの宝庫と言われる。（　）
15 彼は人をとがめないカンヨウな人だ。（　）
16 補欠選挙に候補者がランリツする。（　）
17 古代人は自然をスウハイする気持ちが強かった。（　）
18 雪山をスキーでスべる。（　）
19 病床にある友をナグサめる。（　）
20 なかなかカシコそうな青年だ。（　）
21 目の前の風景を短歌にヨむ。（　）
22 式はオゴソかにとり行われた。（　）
23 校長先生からごほうびをタマワった。（　）
24 バーゲンでホり出し物を見つける。（　）
25 一年前のことがナツかしく思い出される。（　）

第11回 模擬試験

試験時間 60分

合格基準 160点

得点 /200点

(一) 次の——線の漢字の読みをひらがなで記せ。

30点 1×30

1 院長が入院患者を**回診**する。（　）
2 事故のあと自宅で**謹慎**する。（　）
3 助役は町長を**補佐**する役目だ。（　）
4 古典のおもしろさを**享受**する。（　）
5 国家の**中枢**として働いて欲しい。（　）
6 相手の提示した条件を**承諾**する。（　）
7 **煩悩**を取り除くために鐘をうつ。（　）
8 社長が社の進むべき道を**示唆**する。（　）
9 計画は**後戻**りできない段階にある。（　）
10 この本を必読の書として**推奨**したい。（　）
11 その刑事は犯人逮捕の際に**殉職**した。（　）
12 医学の進歩に**貢献**した人をたたえる。（　）
13 新ビルの設備は非常に**充実**している。（　）

(二) 次の漢字の部首を記せ。

〈例〉草（艹）

10点 1×10

1 且（　）
2 缶（　）
3 轄（　）
4 嚇（　）
5 殻（　）
6 寛（　）
7 頑（　）
8 窮（　）
9 款（　）
10 患（　）

14 日本脳炎は蚊が**媒介**する感染症である。（　　）
15 **数珠**を手に、祖父の五回忌に参列する。（　　）
16 その教会では**荘重**なミサが行われていた。（　　）
17 二〇分間の**休廷**の後、裁判が再開された。（　　）
18 大損をしたのに**性懲**りもなく相場に手を出す。（　　）
19 子供の教育には、**寛容**の精神も大切である。（　　）
20 生産過剰で**余剰**となった製品を倉庫に貯蔵する。（　　）
21 **拙速**と言われようと、どんどんアイディアを出しなさい。（　　）
22 万一のことを考えて、家族に**遺言**する。（　　）
23 山々はもう秋の**装**いだ。（　　）
24 食事の量を**控**え目にする。（　　）
25 何年も続いた内紛が**鎮**まる。（　　）
26 天気は夜から**崩**れるらしい。（　　）
27 あえて苦言を**呈**する次第です。（　　）
28 取り返しのつかない**過**ちを犯す。（　　）
29 彼女の独唱は**殊**の外評判がよかった。（　　）
30 **惨**めな暮らしから抜け出そうと努力する。（　　）

(三)

20点 2×10

熟語の構成のしかたには次のようなものがある。

- ア　同じような意味の漢字を重ねたもの　（**道路**）
- イ　反対または対応の意味を表す字を重ねたもの　（**前後**）
- ウ　上の字が下の字を修飾しているもの　（**紅葉**）
- エ　下の字が上の字の目的語・補語になっているもの　（**育児**）
- オ　上の字が下の字の意味を打ち消しているもの　（**無害**）

次の熟語は、右の**ア～オ**のどれにあたるか、**一つ**選び、**記号**で記せ。

1 巧拙（　　）
2 模擬（　　）
3 逸品（　　）
4 開幕（　　）
5 未明（　　）

6 真偽（　　）
7 辞意（　　）
8 捜索（　　）
9 減税（　　）
10 麗句（　　）

(四) 次の**四字熟語**について、問1と問2に答えよ。

問1 次の**四字熟語**の(1〜10)に入る適切な語を下の□の中から選び、**漢字二字**で記せ。

20点 2×10

ア 閑話(1)
イ 柔能(2)
ウ 一登(3)
エ 窮余(4)
オ 妄言(5)
カ (6)至順
キ (7)外親
ク (8)喪気

りゅうもん
しきょう
せいごう
いっさく
せんしょ
きゅうだい
かいしん
たしゃ
ないそ
いちじゅう

(五) 次の1〜5の**対義語**、6〜10の**類義語**を後の□の中から選び、**漢字**で記せ。□の中の語は一度だけ使うこと。

20点 2×10

対義語

1 却下(　)
2 逮捕(　)
3 独立(　)
4 細密(　)
5 栄誉(　)

類義語

6 下知(　)
7 献金(　)
8 汚職(　)
9 異聞(　)
10 経験(　)

じゅうぞく・しき・じゅり・はいにん・
そだい・しゃくほう・ちじょく・きふ・
けんぶん・きだん

ケ（9）万端

コ（10）一菜

問2 次の11～15の**意味**にあてはまるものを**問1**の**ア～コの四字熟語**から**一つ**選び、**記号**で記せ。

10点 2×5

11 がっかりして、元気をなくすこと。（　）

12 人の言動に素直に従うこと。（　）

13 弱い者が強い者に勝つこと。（　）

14 質素で粗末な食事のこと。（　）

15 困り果てて、苦しまぎれに思いついた計略。（　）

(六)

次の――線の**カタカナ**を**漢字**に直せ。

20点 2×10

1 委員を集めて**カイギ**を開く。（　）

2 友達の行動に**カイギ**をいだく。（　）

3 首相が外国に**シシャ**を送る。（　）

4 兄は今度大阪**シシャ**に転勤する。（　）

5 読んだ本の**カンソウ**を文章にまとめる。（　）

6 イギリスに移り住む友を**カンソウ**する。（　）

7 計画を説明して、みんなの**リョウカイ**を求める。（　）

8 他国の**リョウカイ**に入って漁をしてはいけない。（　）

9 仏様に花と果物を**ソナ**える。（　）

10 洪水に**ソナ**えて堤防を修理する。（　）

七

次の各文にまちがって使われている**同じ読みの漢字**が**一字**ある。**上に誤字**を、**下に正しい漢字**を記せ。

10点 2×5

1 アジアの生長を自社の発展につなげたい、と日本企業の視線がアジアの新興国に釘付けになってきた。（　・　）

2 超高齢化社会の中で、高度化した医療を誰にどこまで摘応するのか、その見極めが大変難しくなっている。（　・　）

3 財政再建の第一歩としての基礎的赤字解消のためには、経済を活成化させ歳出規模を大きくしないことである。（　・　）

4 年功序列で過剰な身分保障のため、有能でない高齢公務員が滞留し、若手の升進が遅れて士気が下がっている。

九

次の――線の**カタカナ**を**漢字**に直せ。

50点 2×25

1 期待と不安が**コウサク**する。（　）

2 **オショウ**さんの法話を聞く。（　）

3 どんな状況にも**テキオウ**する。（　）

4 これは食通に**チンチョウ**される食材だ。（　）

5 この小切手は**ギゾウ**らしい。（　）

6 上司にしつこく**キツモン**される。（　）

7 中国文明**ハッショウ**の地を訪れる。（　）

8 職人の巧みな技術に**キョウタン**する。（　）

9 隣の一家とは**コンイ**にしている。（　）

10 百年に一人の**イツザイ**と言われる。（　）

11 彼が悪いと、**イチガイ**には言えない。（　）

12 議長がみんなの意見を**ソウカツ**する。（　）

5 現状では、財政再建の見通しは暗い。今後の経済成長は底位安定が予想され、劇的に税収が伸びるとは考えにくい。（　・　）（　・　）

八 次の――線のカタカナを漢字一字と送りがな（ひらがな）に直せ。

10点 2×5

〈例〉誕生日に友達をヨブ。（呼ぶ）

1 今日はハナハダ気分がいい。（　　）
2 早すぎる友人の死をクヤム。（　　）
3 流れ込んだ土砂で田がウマル。（　　）
4 医者は患者の命をアズカル職業だ。（　　）
5 雨の中を歩いたので服がシメッてしまった。（　　）

13 学校のメイヨを傷つける行為は慎む。（　　）
14 弟はいつも僕の勉強をジャマをする。（　　）
15 季節外れの商品をレンカで手に入れる。（　　）
16 親友が転校すると聞いて心がドウヨウした。（　　）
17 昨夜はジュクスイしたので目覚めはさわやかだ。（　　）
18 トビラを開けて部屋に入る。（　　）
19 贈り物に真心をコめる。（　　）
20 勉強をしすぎて肩がコる。（　　）
21 運転中は常に注意をオコタるな。（　　）
22 今年は冬がアタタかいので助かる。（　　）
23 美しい音楽が心をナグサめてくれる。（　　）
24 休み時間を木陰のベンチでイコう。（　　）
25 赤ちゃんを抱いた女の人に席をユズった。（　　）

第11回

第12回 模擬試験

試験時間 60分
合格基準 160点
得点 /200点

(一)

次の――線の**漢字の読み**を**ひらがな**で記せ。

30点 1×30

1 はすは**根茎**が食用になる。（　　）
2 ピッチャーが**剛球**を投げる。（　　）
3 再開した旧友と**一献**傾ける。（　　）
4 定期的に**排水溝**の清掃を行う。（　　）
5 古代ギリシャで**発祥**した哲学。（　　）
6 **一升瓶**を提げて友人宅を訪れる。（　　）
7 事故処理の不手際を**遺憾**に思う。（　　）
8 緊張の連続が神経を**疲弊**させる。（　　）
9 歴史上の人物の**肖像**を用いた切手。（　　）
10 **懸命**の努力を続けて目的を達成した。（　　）
11 収穫を増やすために**土壌**を改良する。（　　）
12 敵の**盲点**をつくことが勝利への道だ。（　　）
13 **叔父**は高原でペンションを営んでいる。（　　）

(二)

次の漢字の**部首**を記せ。

〈例〉草（艹）

10点 1×10

1 傘（　　）
2 栽（　　）
3 尉（　　）
4 劾（　　）
5 斎（　　）
6 寡（　　）
7 韻（　　）
8 靴（　　）
9 翁（　　）
10 昆（　　）

14 **戦禍**を避けて、難民が国境に押し寄せる。（　）
15 話し合いの結果、**妥当**な線で結論が出た。（　）
16 一週間京都に滞在し、日本の美を**堪能**した。（　）
17 プロ野球の選手が**年俸**二千万で契約を結ぶ。（　）
18 **賜杯**を手にするために、チームは全力で戦う。（　）
19 確定申告はその地域を**所轄**する税務署に提出する。（　）
20 外務大臣を**更迭**したことで政界は騒然となった。（　）
21 銀行に押し入った男が銃で行員を**威嚇**し、現金を要求した。（　）
22 夏休みに子供たちを連れて**田舎**に帰る。（　）
23 重苦しい空気が**漂**う。（　）
24 甘やかすと**癖**になります。（　）
25 会社を辞めて事業を**興**した。（　）
26 生徒の絵の出来ばえを**褒**める。（　）
27 最近、彼はひげを**伸**ばし始めた。（　）
28 給料日だから今日は**懐**が暖かい。（　）
29 創立記念の式典は**滞**りなく終わった。（　）
30 このような事態に陥ったのは**甚**だ残念です。（　）

(三) **熟語の構成**のしかたには次のようなものがある。

20点 2×10

ア　同じような意味の漢字を重ねたもの　（**道路**）
イ　反対または対応の意味を表す字を重ねたもの　（**前後**）
ウ　上の字が下の字を修飾しているもの　（**紅葉**）
エ　下の字が上の字の目的語・補語になっているもの　（**育児**）
オ　上の字が下の字の意味を打ち消しているもの　（**無害**）

次の熟語は、右の**ア～オ**のどれにあたるか、**一つ**選び、**記号**で記せ。

1 加筆（　）
2 尚早（　）
3 起伏（　）
4 衝突（　）
5 壮観（　）

6 救難（　）
7 不安（　）
8 逸脱（　）
9 愛憎（　）
10 充満（　）

第12回

四 次の**四字熟語**について、問1と問2に答えよ。

問1 次の**四字熟語**の（1〜10）に入る適切な語を下の□の中から選び、**漢字二字**で記せ。

20点 2×10

ア 一所（1）
イ 大巧（2）
ウ 勢力（3）
エ 愁苦（4）
オ 偶像（5）
カ（6）荒涼
キ（7）弾雨
ク（8）折衷

しんきん
まんもく
わよう
けんめい
はいしん
じゃくせつ
しょうえん
ゆうび
はくちゅう
すうはい

五 次の1〜5の**対義語**、6〜10の**類義語**を後の□の中から選び、**漢字**で記せ。□の中の語は一度だけ使うこと。

20点 2×10

対義語

1 節約（　）
2 悲哀（　）
3 決裂（　）
4 徴収（　）
5 横柄（　）

類義語

6 親密（　）
7 寄与（　）
8 極意（　）
9 教育（　）
10 憶測（　）

のうにゅう・こんい・かんき・けんきょ・
おくぎ・ろうひ・だけつ・こうけん・
すいさつ・しどう

ケ（ 9 ）忘食

コ（ 10 ）無患

問2 次の11〜15の**意味**にあてはまるものを**問1**の**ア〜コの四字熟語**から**一つ**選び、**記号**で記せ。

10点 2×5

11 非常に激しい戦闘のさま。（　）

12 勢いや力に差がなく、優劣をつけにくいこと。（　）

13 一つのことに夢中になり、他を顧みないこと。（　）

14 命がけで物事に取り組むこと。（　）

15 偶像を信仰の対象として拝むこと。（　）

㈥

次の――線の**カタカナ**を**漢字**に直せ。

20点 2×10

1 空き瓶を**カイシュウ**する。（　）

2 古くなったビルを**カイシュウ**する。（　）

3 あの小説の一節を**インヨウ**する。（　）

4 この水は**インヨウ**に適していない。（　）

5 水道管がいたんで**ロウスイ**する。（　）

6 長く飼っていた犬が**ロウスイ**で死んだ。（　）

7 **シアン**を発表してみんなの意見を聞く。（　）

8 どうしたらよいか**シアン**しているところです。（　）

9 クラス委員に山本君を**スス**める。（　）

10 姉にピアノを習うように**スス**める。（　）

第12回

(七) 次の各文にまちがって使われている**同じ読みの漢字**が**一字**ある。**上に誤字**を、**下に正しい漢字**を記せ。

10点 2×5

1 日本でも、住み慣れた家を単保にして、生活費を援助してくれるという自治体が次第に出てきました。（　・　）

2 外国語を学習するのに辞書を持たないなんて、まるで海図も羅深盤もなしに大海に船出するようなものです。（　・　）

3 覚悟はしていても、サラリーマンは、やはり「定年」という言葉には、一末の寂しさや不安を抱くようです。（　・　）

4 今こそ日本は過去の悪幣を脱し、様変わりする海外の現実に目を向け、新しい戦略を構築すべき時期にある。（　・　）

(九) 次の——線の**カタカナ**を**漢字**に直せ。

50点 2×25

1 責任を感じて**キンシン**する。（　）

2 **ショウゾウケン**の侵害を訴える。（　）

3 盛り場で若者を**ホドウ**する。（　）

4 図書館に蔵書を**キゾウ**する。（　）

5 上司の**リョウカイ**を得て欠勤する。（　）

6 **ニュウワ**な顔立ちに心が安らぐ。（　）

7 みそやしょう油を**ジョウゾウ**する。（　）

8 計画の問題点が**タキ**にわたる。（　）

9 これ以上は**ジョウホ**の余地がない。（　）

10 秘密をかぎつけて**キョウカツ**する。（　）

11 当局から**ソッコク**解散を命じられる。（　）

12 父の**ショサイ**には大きな本棚がある。（　）

5 地震の震源域の大部分は海に広がっているため、地震発生予測の高度化には海域への観測網の転開がかぎを握っている。（　・　）（　・　）

(八)

次の――線のカタカナを漢字一字と送りがな（ひらがな）に直せ。

10点 2×5

〈例〉誕生日に友達をヨブ。（呼ぶ）

1 念願の初優勝をトゲた。（　　）

2 話を長引かせて時間をカセグ。（　　）

3 彼女の手紙をポケットにカクス。（　　）

4 会議が終わるまで別室でヒカエル。（　　）

5 兄はシルクロードへの旅行をクワダテています。（　　）

---

13 雲を頂く富士山のユウシに見とれる。（　　）

14 健康のためにジョギングをショウレイする。（　　）

15 多くの困難をコクフクして成功を収める。（　　）

16 祖父母は、田舎でヘイオンに暮らしている。（　　）

17 会場には、シュクゼンとした雰囲気が漂っている。（　　）

18 がんじょうなタナをつくる。（　　）

19 公民館でモヨオし物がある。（　　）

20 遅刻して先生にシボられた。（　　）

21 彼は視野がセマくてかたくな人だ。（　　）

22 崩れかかったカキを修理する。（　　）

23 取材をカねて北海道に旅行する。（　　）

24 姉は稼いだお金で弟の学費にミツぐ。（　　）

25 あの人とはどういうわけかハダが合わない。（　　）

第12回

第13回 模擬試験

試験時間 60分

合格基準 160点

得点 /200点

(一)

次の――線の漢字の読みをひらがなで記せ。

30点 1×30

1 犬の**鑑札**を交付してもらう。（　）
2 **高尚**な趣味をお持ちですね。（　）
3 彼は自己**顕示欲**が強い人だ。（　）
4 反対派に対する**懐柔策**を練る。（　）
5 きのこやかびは**菌類**の仲間だ。（　）
6 事件の首謀者の責任を**糾明**する。（　）
7 警官が犯人に撃たれて**殉職**した。（　）
8 野党と与党の力が**均衡**している。（　）
9 利権をめぐって**縄張**り争いが続く。（　）
10 料理に使う材料を充分に**吟味**する。（　）
11 夕べ遅かったので**睡眠**が足りない。（　）
12 なかなかの**傑物**だと、一目置かれる。（　）
13 事故を処理するために交通を**遮断**する。（　）

(二)

次の漢字の**部首**を記せ。

〈例〉草（艹）

10点 1×10

1 碁（　）
2 弦（　）
3 顕（　）
4 呉（　）
5 肯（　）
6 衡（　）
7 貢（　）
8 懇（　）
9 剛（　）
10 妄（　）

14 **浄化槽**を用いて地下水を飲料水にする。（　　）
15 **珠玉**の名曲を集めたアルバムを購入する。（　　）
16 計画は二つの案を**折衷**したものとなった。（　　）
17 航空会社が事故の遺族への**賠償金**を支払う。（　　）
18 新型エンジンを**搭載**した車だから走りがいい。（　　）
19 **遮音**されたスタジオでレコーディングをする。（　　）
20 当局は脱税の疑いのある会社の**内偵**を進めている。（　　）
21 この計画の**中核**をなすところだからゆるがせにはできない。（　　）
22 チームを優勝に導いて大いに**面目**を施した。（　　）
23 旅に出て悲しみを**紛**らす。（　　）
24 無力な自分を**恨**めしく思う。（　　）
25 風**薫**る京都の野山を歌によむ。（　　）
26 仕事に出る母を**慕**って泣く子。（　　）
27 あの人はなぜか彼を**嫌**っている。（　　）
28 アルバイトで学費を**稼**いで大学を出た。（　　）
29 成功の**暁**には盛大な祝賀会を開こう。（　　）
30 経済的には豊かだが、心のゆとりに**乏**しい。（　　）

㈢

熟語の構成のしかたには次のようなものがある。

20点
2×10

ア　同じような意味の漢字を重ねたもの　（**道路**）
イ　反対または対応の意味を表す字を重ねたもの　（**前後**）
ウ　上の字が下の字を修飾しているもの　（**紅葉**）
エ　下の字が上の字の目的語・補語になっているもの　（**育児**）
オ　上の字が下の字の意味を打ち消しているもの　（**無害**）

次の熟語は、右の**ア～オ**のどれにあたるか、**一つ**選び、**記号**で記せ。

1 寡少（　　）
2 禍福（　　）
3 無実（　　）
4 適材（　　）
5 避暑（　　）
6 因果（　　）
7 暫定（　　）
8 嫌悪（　　）
9 共演（　　）
10 懐古（　　）

第13回

(四)

次の**四字熟語**について、**問1**と**問2**に答えよ。

問1 次の**四字熟語**の（1〜10）に入る適切な語を下の□の中から選び、**漢字二字**で記せ。

20点 2×10

ア 自由（1）
イ 呉越（2）
ウ 外柔（3）
エ 唯唯（4）
オ 唯一（5）
カ（6）定離
キ（7）外患
ク（8）暗投

だくだく・えしゃ・ほんぽう・ないごう・めいしゅ・どうしゅう・ないゆう・きんげん・ぜんにゅう・むに

(五)

次の1〜5の**対義語**、6〜10の**類義語**を後の□の中から選び、**漢字**で記せ。□の中の語は一度だけ使うこと。

20点 2×10

対義語

1 離脱（　）
2 寡黙（　）
3 寛容（　）
4 需要（　）
5 清浄（　）

類義語

6 適切（　）
7 誠意（　）
8 理由（　）
9 普通（　）
10 是認（　）

おだく・まごころ・きょうりょう・こうてい・たべん・だとう・いっぱん・こんきょ・ふっき・きょうきゅう

ケ（9　　）実直

コ（10　　）佳境

問2 次の11〜15の**意味**にあてはまるものを**問1**のア〜コの**四字熟語**から**一つ**選び、**記号**で記せ。

10点 2×5

11 国内外で問題が生じること。（　　）

12 この世でたった一つのもの。（　　）

13 慎み深く誠実なこと。（　　）

14 周りを気にせず、自分の思うままに振る舞う。（　　）

15 見た目は穏やかだが、心はしっかりしていて強いこと。（　　）

(六) 次の――線の**カタカナ**を**漢字**に直せ。

20点 2×10

1 会社の名前を**カイショウ**する。（　　）

2 試合は大差をつけて**カイショウ**する。（　　）

3 お寺に門外不出の**ヒホウ**がある。（　　）

4 彼女は相次ぐ**ヒホウ**に動揺する。（　　）

5 建物の周囲をきびしく**ケイビ**する。（　　）

6 損害は**ケイビ**で、特に問題はない。（　　）

7 ある画家に**シジ**して絵を習う。（　　）

8 矢印が**シジ**する方向に従って歩く。（　　）

9 エレベーターで屋上に**ア**がる。（　　）

10 発言を求めて数名の手が**ア**がる。（　　）

第13回

㊆ 次の各文にまちがって使われている**同じ読みの漢字**が**一字**ある。**上に誤字**を、**下に正しい漢字**を記せ。

10点 2×5

1 経済学では、個人が生涯にどれくらい消費でき、そこからどのくらい効要を得られるかを重視します。（　・　）

2 人間が極限の状態におかれたり、何かに心剣に取り組んでいるときに発した言葉は、だれの胸をも打つ。（　・　）

3 暗い雰囲気や非定的な態度、批判的な態度、後ろ向きの態度では、人に話を聞いてもらうことはできません。（　・　）

4 お金を湯水のごとく使える人は世の中にそれほどいるわけではなく、大部分の人は検約しながら生活しています。

㊈ 次の――線の**カタカナ**を**漢字**に直せ。

50点 2×25

1 事態の収拾に**クリョ**する。（　）

2 **ムショウ**の慈善事業を行う。（　）

3 彼は**エイビン**な頭脳の持ち主だ。（　）

4 **エリクビ**をつかんで引き倒す。（　）

5 今回のことは**トクシュ**な事例だ。（　）

6 この時計は**コウミョウ**な模造品だ。（　）

7 若くして一国の**サイショウ**となる。（　）

8 練習は**カクシュウ**土曜日に行われる。（　）

9 協力を申し出たが**キョヒ**された。（　）

10 会社の利益を社会に**カンゲン**する。（　）

11 **チンチャク**な判断と行動が命を救った。（　）

12 彼なら**シンライ**して仕事を任せられる。（　）

5 二〇一〇年のワールドカップ南アフリカ大会で、我が日本代表はベスト16進出という寄跡に近い素晴らしい結果を残した。（　・　）（　・　）

(八)

次の——線のカタカナを漢字一字と送りがな（ひらがな）に直せ。

10点 2×5

〈例〉誕生日に友達をヨブ。（呼ぶ）

1 意地悪な同級生をニクム。（　　）
2 初戦で負けるなんてクヤシイ。（　　）
3 後ろから急に声をかけてオドロカス。（　　）
4 懐かしい祖父の写真をナガメル。（　　）
5 失敗をくり返すまいと自分で自分をイマシメた。（　　）

---

13 この地域にはレイサイな町工場が多い。（　　）
14 ズイブン久しぶりに叔父の家に行った。（　　）
15 交通事故で遅れる旨、会社にレンラクする。（　　）
16 友達に意地悪したことをコウカイしている。（　　）
17 ミリョクあふれる南の島でバカンスを過ごす。（　　）
18 詳しい説明を一切ハブく。（　　）
19 偉大な指導者の死をイタむ。（　　）
20 読者からの投書をノせる。（　　）
21 むりのしすぎが健康にヒビく。（　　）
22 新しい仕事に一歩をフみだす。（　　）
23 放送時間をサラに一時間延長する。（　　）
24 彼は人に会うのをキラって外出しない。（　　）
25 悪いと思ったらイサギヨくあやまるのが男らしい。（　　）

第14回 模擬試験

試験時間 60分

合格基準 160点

得点 /200点

(一) 次の――線の漢字の読みをひらがなで記せ。

30点 1×30

1 被災地の状況を**把握**する。（　）
2 新しい機械が**稼働**し始める。（　）
3 強硬派が態度を**軟化**させる。（　）
4 細菌を**培養**して性質を調べる。（　）
5 亡き父の戒めを心に**銘記**する。（　）
6 彼は鉄道の業務に**通暁**している。（　）
7 動物を保護する条約を**批准**する。（　）
8 あの夫人は**淑徳**の誉れ高い方だ。（　）
9 **靴下**をぬいで走り回る子供たち。（　）
10 仕事上のトラブルで日夜**煩悶**する。（　）
11 ねんざした所が**炎症**をおこしている。（　）
12 私立**探偵**が鮮やかに事件を解決する。（　）
13 乗務員は全員、**救命艇**に乗り移った。（　）

(二) 次の漢字の**部首**を記せ。

〈例〉草（艹）

10点 1×10

1 吏（　）
2 隷（　）
3 蛍（　）
4 薫（　）
5 尚（　）
6 奨（　）
7 宵（　）
8 献（　）
9 慶（　）
10 索（　）

14 マラソン大会の入賞者の**表彰式**を行う。（　　）
15 この本は将来の生き方を**示唆**してくれる。（　　）
16 他人に対して身内のことを**謙遜**して言う。（　　）
17 本を**書棚**ごとにジャンルを分けて整理する。（　　）
18 税金が上がると、**庶民**の生活は苦しくなる。（　　）
19 景気が回復して、土地の値段が**高騰**している。（　　）
20 日光街道の**杉並木**は人々によく知られている。（　　）
21 奈良時代から江戸時代までの国語の**変遷**をたどる。（　　）
22 コンサート会場は若い**息吹**で満ちあふれている。（　　）
23 五〇年来の友の死を**悼**む。（　　）
24 騒音で眠りを**妨**げられる。（　　）
25 思いを**遂**げて心残りがない。（　　）
26 新聞紙をまとめてひもで**縛**る。（　　）
27 かつおぶしを**削**ってだしを取る。（　　）
28 立春が過ぎて寒さが**緩**んできた。（　　）
29 事故現場は悲惨な情景を**呈**していた。（　　）
30 競技場で日ごろ**培**ってきた力を大いに発揮する。（　　）

(三)

熟語の構成のしかたには次のようなものがある。

20点　2×10

ア　同じような意味の漢字を重ねたもの　（**道路**）
イ　反対または対応の意味を表す字を重ねたもの　（**前後**）
ウ　上の字が下の字を修飾しているもの　（**紅葉**）
エ　下の字が上の字の目的語・補語になっているもの　（**育児**）
オ　上の字が下の字の意味を打ち消しているもの　（**無害**）

次の熟語は、右の**ア～オ**のどれにあたるか、**一つ**選び、**記号**で記せ。

1 悠久（　　）
2 換気（　　）
3 収支（　　）
4 未知（　　）
5 妄信（　　）

6 媒介（　　）
7 首尾（　　）
8 臨席（　　）
9 誤用（　　）
10 愉悦（　　）

(四) 次の四字熟語について、問1と問2に答えよ。

問1 次の四字熟語の（1〜10）に入る適切な語を下の□の中から選び、漢字二字で記せ。

20点 2×10

ア 質実（1）

イ 心慌（2）

ウ 誇大（3）

エ 泥船（4）

オ 百戦（5）

カ（6）折衷

キ（7）泰平

ク（8）充棟

もうそう
てんか
たいがん
れんま
ごうけん
いらん
がぞく
きんげん
かんぎゅう
とか

(五) 次の1〜5の対義語、6〜10の類義語を後の□の中から選び、漢字で記せ。□の中の語は一度だけ使うこと。

20点 2×10

対義語

1 勧善（　）

2 偶然（　）

3 巧妙（　）

4 安易（　）

5 追加（　）

類義語

6 路傍（　）

7 建議（　）

8 均衡（　）

9 変遷（　）

10 順序（　）

しなん・しんげん・ちょうわ・ひつぜん・
えんかく・さくげん・ちょうあく・
しだい・ちせつ・みちばた

ケ（9　　）成就

コ（10　　）慎行

問2 次の11〜15の**意味**にあてはまるものを**問1**の**ア〜コの四字熟語**から**一つ**選び、**記号**で記せ。

10点
2×5

11 大きな願いがかなうこと。（　　）

12 世の中がよく治まり、平和なこと。（　　）

13 飾り気がなく真面目で、強くたくましいさま。（　　）

14 多くの実践や経験を積んで、鍛えられていること。（　　）

15 現状より過大に想像して、それを現実と思い込むこと。（　　）

(六) 次の――線の**カタカナ**を**漢字**に直せ。

20点
2×10

1 重要な施策を**シンギ**する。（　　）

2 柔道では**シンギ**一体が重要だ。（　　）

3 重要書類は金庫に**ホカン**した。（　　）

4 新資料により年表を**ホカン**する。（　　）

5 先生は**キュウヨウ**で、来られなくなった。（　　）

6 働きづめだったので少し**キュウヨウ**しよう。（　　）

7 日本の将来は青年たちの**ソウケン**にかかっている。（　　）

8 この建物は平安時代の**ソウケン**と伝えられている。（　　）

9 壁にカレンダーを**カ**ける。（　　）

10 チームのメンバーが二人**カ**ける。（　　）

(七)

次の各文にまちがって使われている**同じ読みの漢字**が**一字**ある。**上に誤字**を、**下に正しい漢字**を記せ。

/10点 2×5

1 欧米の経済は金融危機の後違症で低迷し、日本は円高によって成長の足を引っ張られている状況である。（　・　）

2 二〇〇九年七月、中国人向けの個人観光ビザの発給が開始され、二〇一〇年七月からビザの発給要件も寛和された。（　・　）

3 読書に夢中になる。本の世界に没入する。学生時代、それだけの時間があった。振り返ってみて仕福だった。（　・　）

4 圧倒的な成果を挙げている日本企業の現地法人では五年の駐在など当たり前。十年を越える駐在員も珍しくない。

(九)

次の——線の**カタカナ**を**漢字**に直せ。

/50点 2×25

1 任務は無事に**スイコウ**した。（　）

2 軽い打撲と**シンダン**された。（　）

3 契約を一方的に**ハキ**する。（　）

4 先生の忠告を**ケンキョ**に聞く。（　）

5 **キンコウ**から都心の会社に通う。（　）

6 簡単な**ジョジュツ**が好感を与える。（　）

7 友達の行動に**カイギ**をいだく。（　）

8 夕景の美しさに**カンセイ**をあげる。（　）

9 ラッシュアワーは車の**コウズイ**だ。（　）

10 **ガンコ**な社長には閉口している。（　）

11 **ユウガ**なデザインの作品に出合う。（　）

12 輸入制限に関する交渉が**ケツレツ**する。（　）

5 日本では、職場や学校の身分証明書が重宝されるが、偽造も容易だし、その時点でなお有効かどうかの信頼性も乏しい。（　・　）（　・　）

八

次の——線の**カタカナを漢字一字と送りがな（ひらがな）**に直せ。

10点 2×5

〈例〉誕生日に友達を**ヨブ**。（呼ぶ）

1 父は役人の不正に**イキドオル**。（　　）

2 スポーツのあとはのどが**カワク**。（　　）

3 選挙戦を**ハナヤカ**にくり広げる。（　　）

4 台風が去って、天気は快方に**オモムク**。（　　）

5 今年は大きな事件もなく、**オダヤカ**な年だった。（　　）

---

13 二つの作品は**コウオツ**つけ難い出来栄えだ。（　　）

14 会社再建に功労のあった人が**ヒョウショウ**される。（　　）

15 山に入るのに三日分の**ショクリョウ**を携行する。（　　）

16 図書館で借りた本を**マタガシ**してはいけない。（　　）

17 このスポーツクラブは設備が**ジュウジツ**している。（　　）

18 美しいにじが**カ**かった。（　　）

19 出発の準備で**アワ**ただしい。（　　）

20 旅行先の風景を写真に**ト**る。（　　）

21 本日で生徒募集を**シ**め切る。（　　）

22 **タガ**いに相手の立場を尊重する。（　　）

23 優勝の知らせにみんなの顔が**カガヤ**く。（　　）

24 会費を**トドコオ**らせている人が多くて困る。（　　）

25 よその家をのぞいたりしたら人に**アヤ**しまれる。（　　）

模擬試験得点チェック表

[設問事項]	(一)漢字の読み	(二)部首	(三)熟語の構成	(四)四字熟語		(五)対義語・類義語	(六)同音・同訓異字	(七)誤字訂正	(八)送りがな	(九)漢字の書き取り	模擬試験を解き得点を記入しましょう。学習計画にお役立て下さい。
				問1	問2						
第1回 月 日	/30	/10	/20	/20	/10	/20	/20	/10	/10	/50	= 合計点 /200点
第2回 月 日	/30	/10	/20	/20	/10	/20	/20	/10	/10	/50	= 合計点 /200点
第3回 月 日	/30	/10	/20	/20	/10	/20	/20	/10	/10	/50	= 合計点 /200点
第4回 月 日	/30	/10	/20	/20	/10	/20	/20	/10	/10	/50	= 合計点 /200点
第5回 月 日	/30	/10	/20	/20	/10	/20	/20	/10	/10	/50	= 合計点 /200点
第6回 月 日	/30	/10	/20	/20	/10	/20	/20	/10	/10	/50	= 合計点 /200点
第7回 月 日	/30	/10	/20	/20	/10	/20	/20	/10	/10	/50	= 合計点 /200点
第8回 月 日	/30	/10	/20	/20	/10	/20	/20	/10	/10	/50	= 合計点 /200点
第9回 月 日	/30	/10	/20	/20	/10	/20	/20	/10	/10	/50	= 合計点 /200点
第10回 月 日	/30	/10	/20	/20	/10	/20	/20	/10	/10	/50	= 合計点 /200点
第11回 月 日	/30	/10	/20	/20	/10	/20	/20	/10	/10	/50	= 合計点 /200点
第12回 月 日	/30	/10	/20	/20	/10	/20	/20	/10	/10	/50	= 合計点 /200点
第13回 月 日	/30	/10	/20	/20	/10	/20	/20	/10	/10	/50	= 合計点 /200点
第14回 月 日	/30	/10	/20	/20	/10	/20	/20	/10	/10	/50	= 合計点 /200点

著者略歴
大内田　三郎（おおうちだ・さぶろう）
大阪市立大学名誉教授　文学博士
大阪市立大学大学院博士課程修了　中国語学・日中言語比較論専攻

著　書
1「中国語の基礎」光生館
2「新中国語入門」駿河台出版社
3「中国児童読物選」白帝社
4「中国童話読物選」駿河台出版社
5「基本表現中国語作文」駿河台出版社
6「現代中国語」駿河台出版社
7「困った時の中国語」駿河台出版社
8「中級読物　中国歴史物語」駿河台出版社
9「チィエンタン中国語20課」駿河台出版社
10「基礎からよくわかる中国語文法参考書」駿河台出版社
11「基本文型150で覚える中国語」駿河台出版社
12「初歩から始める中国語」駿河台出版社
13「中国語検定—予想問題と解説」（1級～準4級）　駿河台出版社
14「日常会話で学ぶ中国語」駿河台出版社
15「聞く、話す、読む、基礎から着実に身につく中国語」駿河台出版社
16「初級から中級へ　話せて使える中国語」駿河台出版社
17「実用ビジネス中国語会話」駿河台出版社
18「中検合格のための傾向と対策」（2級、3級、4級、準4級）駿河台出版社
19「中検模擬試験問題集リスニング対策編」（3級、4級）駿河台出版社
20「学生のための中国語」駿河台出版社

完全対策！ 漢字検定 模擬試験問題集　2級

2012年1月25日　初版　第1刷発行

著　者　　大内田　三郎
発行者　　井田洋二
発行所　　株式会社　駿河台出版社
〒101-0062　東京都千代田区神田駿河台3-7
TEL：03-3291-1676　　FAX：03-3291-1675
振替00190-3-56669番
E-mail：edit@e-surugadai.com　　URL：http://www.e-surugadai.com

製版 フォレスト／印刷 三友印刷
装丁 小熊未央
ISBN978-4-411-04102-9 C2081　　万一，乱丁・落丁の場合はお取り替えいたします。

別　冊

完全対策！

漢字検定模擬試験問題集

２級

▸ **模擬試験解答**

▸ **２級配当漢字表（337字）**

駿河台出版社

第1回 模擬試験 解答

(一)

1 そうにゅう
2 しゅさい
3 はいき
4 りょうてい
5 かどう
6 さいやく
7 こうどく
8 きょぜつ
9 こうでい
10 ふところがたな
11 いやけ
12 びょうげんきん
13 はき
14 とうかつ
15 せんたくし
16 ふんじん
17 ちそ
18 こんいん
19 そしょう
20 さんか
21 たせん
22 あいそ
23 つ
24 なら
25 ほどこ
26 もよお
27 あせ
28 くだ
29 か
30 う

(二)

1 衣
2 廾
3 一
4 瓦
5 頁
6 貝
7 罒
8 襾
9 宀
10 心

(三)

1 ウ
2 ア
3 イ
4 エ
5 オ
6 ア
7 ウ
8 イ
9 エ
10 ア

(四)

問1

1 正銘
2 粛正
3 徹底
4 無二
5 無門
6 盛者
7 遠慮
8 桃紅
9 累世
10 打草

問2

11 ケ
12 キ
13 コ
14 エ
15 カ

(五)

1 至難
2 粗雑
3 歓喜
4 欠乏
5 放任
6 不意
7 委任
8 監禁
9 度胸
10 頻発

(六)

1 刊行
2 観光
3 開店
4 回転
5 所信
6 初心
7 専攻
8 選考
9 摘
10 積

(七)

1 (色・飾)
2 (延・伸)
3 (動・働)
4 (顧・雇)
5 (困・混)

(八)

1 架ける
2 憤る
3 誘う
4 緩める
5 漏らさ

(九)

1 誇示
2 躍進
3 廉価
4 迅速
5 未詳
6 誓約
7 庶民
8 華道
9 酷似
10 煩雑
11 欧州
12 浄書
13 審議
14 回避
15 散漫
16 回顧
17 秩序
18 岬
19 襲
20 悟
21 備
22 捨
23 恨
24 惨
25 潔

第2回 模擬試験 解答

(一)

1 せんじょう
2 ちゃくりゅう
3 ひがた
4 あいとう
5 さるやま
6 らしんばん
7 しょさい
8 かとく
9 そうちょう
10 しっき
11 がくしゅうじゅく
12 こくじ
13 かいぼう
14 きゅうち
15 さくいん
16 どうけい
17 しゅくぜん
18 かぶん
19 しゅんびん
20 さしえ
21 めんえき
22 いくじ
23 いた
24 はば
25 しず
26 しめ
27 しの
28 かしこ
29 おびや
30 まぬが

(二)

1 中
2 山
3 目
4 馬
5 土
6 糸
7 宀
8 尸
9 頁
10 ⻗

(三)

1 イ
2 エ
3 ウ
4 ア
5 ウ
6 オ
7 イ
8 エ
9 ア
10 ウ

(四)

問1

1 妄動
2 逐末
3 千万
4 流転
5 成就
6 修身
7 無私
8 五倫
9 一切
10 積日

問2

11 ア
12 キ
13 オ
14 ウ
15 ケ

(五)

1 絶賛
2 厳格
3 軽率
4 無知
5 明瞭
6 世話
7 手本
8 没頭
9 冷静
10 冷淡

(六)

1 起源
2 期限
3 簡単
4 感嘆
5 階段
6 会談
7 事態
8 辞退
9 下
10 提

(七)

1 (放・倣)
2 (展・転)
3 (欲・抑)
4 (係・計)
5 (鑑・観)

(八)

1 喫する
2 励まし
3 脅かす
4 怪しく
5 充てる

(九)

1 穏便
2 端緒
3 抑止
4 浸透
5 猛進
6 称賛
7 報酬
8 吉報
9 補修
10 寡黙
11 慨嘆
12 軽症
13 免許
14 熟睡
15 実施
16 懸案
17 偏見
18 炎
19 険
20 眺
21 携
22 掲
23 誇
24 堀
25 誓

第3回 模擬試験 解答

(一)

1 じゅうせい
2 ちょうせん
3 かきね
4 ちつじょ
5 してい
6 ちゃぶうとう
7 ゆうかい
8 どうりょう
9 しゅうぶん
10 へいり
11 そえん
12 しゅくんしょう
13 ぐち
14 うんでい
15 しっこく
16 いかつ
17 おうしゅう
18 こうしょう
19 かんせい
20 じゅうじつかん
21 かさく
22 したく
23 さと
24 むね
25 はさ
26 ゆ
27 つか
28 ただ
29 かん
30 す

(二)

1 虫
2 竜
3 罒
4 勹
5 言
6 尸
7 心
8 疒
9 穴
10 虍

(三)

1 ア
2 ウ
3 エ
4 イ
5 ア
6 ウ
7 オ
8 エ
9 イ
10 ア

(四)

問1

1 花明
2 至剛
3 烈日
4 協同
5 迅速
6 堅忍
7 千古
8 不偏
9 一労
10 頑固

問2

11 イ
12 エ
13 カ
14 ク
15 コ

(五)

1 反抗
2 興隆
3 左遷
4 設置
5 粗野
6 任務
7 苦情
8 大家
9 自制
10 主眼

(六)

1 肝要
2 寛容
3 近郊
4 均衡
5 快速
6 会則
7 足跡
8 即席
9 訪
10 尋

(七)

1 （巧・功）
2 （畜・蓄）
3 （勢・盛）
4 （第・題）
5 （激・撃）

(八)

1 雇う
2 馳せる
3 恨む
4 換える
5 隔てる

(九)

1 丁寧
2 抑制
3 渇望
4 別離
5 朝霧
6 繁茂
7 妄言
8 旋風
9 祝宴
10 削除
11 浪費
12 分析
13 剰余
14 掌握
15 諮問
16 怪談
17 土壌
18 削
19 遣
20 控
21 緩
22 貫
23 及
24 患
25 唇

第4回 模擬試験 解答

(一)

1 はくちゅう
2 ちょうい
3 うずしお
4 ほうちく
5 ぎんえい
6 だらく
7 しょうがい
8 しろうと
9 むだ
10 ひょうしょう
11 ほうしょうきん
12 ふぞく
13 だんがい
14 けんそん
15 ひんど
16 りょしゅう
17 いってつ
18 しゅうぶん
19 しょうやく
20 じゅくすい
21 はんぷ
22 せいしゅく
23 くつ
24 したた
25 せん
26 かせ
27 きゅう
28 かたよ
29 にく
30 すた

(二)

1 土
2 目
3 大
4 ⻊
5 刂
6 麻
7 亠
8 彡
9 士
10 宀

(三)

1 ウ
2 エ
3 イ
4 オ
5 ア
6 ウ
7 エ
8 イ
9 ウ
10 ア

(四)

問1

1 斉放
2 酌量
3 索然
4 禍福
5 拙速
6 少壮
7 伯楽
8 泰然
9 不立
10 雲水

問2

11 コ
12 イ
13 オ
14 カ
15 ク

(五)

1 喧噪
2 怠惰
3 早退
4 完成
5 喪失
6 鼓舞
7 見学
8 監禁
9 無事
10 拘泥

(六)

1 感激
2 観劇
3 優待
4 勇退
5 有効
6 友好
7 鋭利
8 営利
9 謝
10 誤

(七)

1 (重・充)
2 (法・宝)
3 (倹・剣)
4 (織・識)
5 (局・極)

(八)

1 揺れる
2 戻る
3 伸ばし
4 嫌い
5 惜しん

(九)

1 憂慮
2 委託
3 享受
4 微妙
5 踏襲
6 患者
7 慢心
8 献身
9 昇格
10 湿度
11 愉快
12 検診
13 師匠
14 冗談
15 渓谷
16 精彩
17 陥没
18 斜
19 潤
20 貪
21 塀
22 甘
23 勧
24 陥
25 悔

第5回 模擬試験 解答

(一)

1 じっせん　2 かちゅう　3 たてつぼ　4 かたすみ　5 てったい　6 きゅうかん　7 だせい　8 じんだい　9 かんじゃ　10 かじゅう

11 あんしょう　12 けんめい　13 さいばい　14 へんかん　15 かんにんぶくろ　16 ひがた　17 だけつ　18 がんめい　19 いつざい　20 おうしゅう

21 しじゅく　22 ひろう　23 かて　24 す　25 た　26 ひい　27 わずら　28 うれ　29 い　30 か

(二)

1 田　2 二　3 石　4 ⻊　5 糹　6 艹　7 ⻌　8 言　9 穴　10 方

(三)

1 ア　2 ウ　3 エ　4 イ　5 オ　6 ア　7 イ　8 ウ　9 エ　10 ア

(四)

問1

1 貫徹　2 有閑　3 末路　4 砕辞　5 不敵　6 一殺　7 空空　8 残酷　9 腐敗　10 静寂

問2

11 オ　12 ク　13 イ　14 ケ　15 ア

(五)

1 冗漫　2 無視　3 油断　4 放任　5 廃止　6 委託　7 偉人　8 強情　9 辛抱　10 相談

(六)

1 完勝　2 感傷　3 改行　4 開業　5 快感　6 開館　7 疲労　8 披露　9 着　10 付

(七)

1 (材・財)　2 (鋼・綱)　3 (償・称)　4 (低・底)　5 (傷・障)

(八)

1 焦っ　2 温まる　3 阻ん　4 衰え　5 崩れる

(九)

1 描写　2 賞味　3 探索　4 裕福　5 舞踊　6 補佐　7 紛争　8 魂胆　9 前触　10 撮影

11 催促　12 懇意　13 粉飾　14 添削　15 淑徳　16 傑作　17 閑散

18 恵　19 誤　20 触　21 促　22 忍　23 併　24 嫁　25 慌

第6回 模擬試験 解答

(一)

1 せいし
2 せんかい
3 かんらく
4 かんてい
5 けいりゅう
6 れいてつ
7 きゅうごう
8 ゆちゃく
9 ところきら
10 けっかん
11 ぶんせき
12 しょうい
13 がんこ
14 いかん
15 よすみ
16 ちょうはつ
17 ふんいき
18 かっさい
19 こうばい
20 そしょう
21 がんめい
22 かいげん
23 すた
24 けが
25 みぞ
26 かえり
27 やわ
28 こ
29 そそのか
30 く

(二)

1 甘
2 刀
3 石
4 糸
5 手
6 貝
7 阝
8 山
9 刂
10 巾

(三)

1 ウ
2 イ
3 ア
4 エ
5 ウ
6 イ
7 ア
8 エ
9 オ
10 ウ

(四)

問1

1 累世
2 妥当
3 砕身
4 連衡
5 不迫
6 一筆
7 詩歌
8 春宵
9 発憤
10 迅雷

問2

11 オ
12 ケ
13 イ
14 ウ
15 カ

(五)

1 借用
2 虚弱
3 実在
4 対立
5 濃厚
6 堅牢
7 苦難
8 短気
9 常識
10 手腕

(六)

1 完敗
2 乾杯
3 改訂
4 海底
5 有利
6 遊離
7 以来
8 依頼
9 治
10 直

(七)

1 (違・異)
2 (功・好)
3 (全・善)
4 (漫・慢)
5 (展・転)

(八)

1 葬る
2 哀れむ
3 奪わ
4 免れ
5 慎ましく

(九)

1 激怒
2 渋滞
3 陥没
4 苦慮
5 特殊
6 選択肢
7 衝撃
8 辛抱
9 委嘱
10 飽和
11 賠償
12 索引
13 埋設
14 恩恵
15 俊敏
16 怠惰
17 示唆
18 傾
19 控
20 漏
21 釣
22 戒
23 砕
24 扱
25 穏

第7回 模擬試験 解答

(一)

1 すうこう
2 だっしゅうざい
3 せんりゅう
4 ごふくてん
5 きゅうくつ
6 しゅってい
7 いっかつ
8 もんぴ
9 りゅうこ
10 さいばい
11 ききん
12 きょひけん
13 かいにん
14 しんし
15 ちょうかい
16 そんもう
17 さしゅ
18 いつざい
19 けんえき
20 しょうそう
21 しつぼく
22 げんち
23 おとろ
24 ゆず
25 せ
26 ふ
27 よ
28 またた
29 はな
30 つ

(二)

1 氺
2 馬
3 口
4 力
5 心
6 目
7 忄
8 弓
9 衣
10 疒

(三)

1 エ
2 イ
3 ウ
4 ア
5 エ
6 オ
7 ア
8 イ
9 ウ
10 ア

(四)

問1

1 尚早
2 雷同
3 心猿
4 万象
5 披露
6 従容
7 富貴
8 矯角
9 画蛇
10 破邪

問2

11 オ
12 ア
13 コ
14 エ
15 ケ

(五)

1 発病
2 内密
3 分裂
4 紛糾
5 事実
6 優雅
7 事態
8 距離
9 着服
10 出世

(六)

1 確実
2 隔日
3 融資
4 雄姿
5 視覚
6 資格
7 容量
8 要領
9 覚
10 冷

(七)

1 (絶・耐)
2 (策・索)
3 (陪・倍)
4 (喚・換)
5 (閉・弊)

(八)

1 怪しむ
2 掛ける
3 偏っ
4 仰い
5 煩わす

(九)

1 升席
2 飢饉
3 悲鳴
4 軟弱
5 全貌
6 譲与
7 機嫌
8 項目
9 祈願
10 黙殺
11 哀愁
12 興隆
13 継続
14 学習塾
15 奨励
16 検疫
17 欄干
18 継
19 慎
20 隅
21 含
22 蚊
23 壊
24 慰
25 幻

第8回 模擬試験 解答

(一)

1 こんい
2 くんせい
3 しゅうたい
4 けんしょう
5 かんよう
6 ぼくめつ
7 ふへん
8 むねあ
9 しんかん
10 ふよう
11 おば
12 ねんぐ
13 べんぎ
14 じょうせい
15 まっしょう
16 さぎ
17 ししゅく
18 ゆうごう
19 さいりょう
20 ばいしょう
21 いんぞく
22 かぜ
23 ほ
24 も
25 つつし
26 おもむ
27 なつ
28 ふく
29 やと
30 つの

(二)

1 十
2 日
3 艹
4 口
5 又
6 肉
7 女
8 頁
9 ⻗
10 土

(三)

1 ア
2 エ
3 ウ
4 オ
5 イ
6 ア
7 エ
8 ウ
9 イ
10 ア

(四)

問1

1 下薬
2 叔季
3 豪傑
4 自縛
5 流転
6 幸災
7 気宇
8 小人
9 泰山
10 高歌

問2

11 ウ
12 ケ
13 ア
14 オ
15 カ

(五)

1 単独
2 進出
3 欠乏
4 冒頭
5 一致
6 残念
7 不意
8 没頭
9 用心
10 質素

(六)

1 浄財
2 錠剤
3 例外
4 冷害
5 師匠
6 支障
7 開放
8 快方
9 熱
10 暑

(七)

1 (解・壊)
2 (虜・慮)
3 (体・態)
4 (問・門)
5 (下・化)

(八)

1 顧みる
2 挟む
3 飽き
4 率い
5 懐かしく

(九)

1 哀愁
2 捜査
3 擁護
4 卓越
5 生涯
6 互角
7 献金
8 要綱
9 連携
10 冷徹
11 雷雨
12 密猟
13 敢然
14 批准
15 訴訟
16 遺憾
17 閉鎖
18 含
19 移
20 渦
21 襟
22 稼
23 控
24 昇
25 雇

第9回 模擬試験 解答

(一)

1	せんさい
2	もさく
3	じゅんかん
4	よいん
5	かんげん
6	べんしょう
7	きょうきん
8	さいへん
9	きょうゆう
10	かんづめ
11	じょう
12	しょみん
13	ゆうごう
14	へいよう
15	よいまつ
16	いっせい
17	ちつじょ
18	さいじょう
19	じょじゅつ
20	けんえん
21	だせい
22	じゅうじつ
23	さえぎ
24	こば
25	ひるがえ
26	おお
27	つちか
28	かろ
29	なえ
30	み

(二)

1	口
2	王
3	力
4	酉
5	⺤
6	⺌
7	月
8	貝
9	玉
10	勹

(三)

1	ウ
2	エ
3	オ
4	イ
5	ア
6	ウ
7	エ
8	イ
9	ウ
10	ア

(四)

問1

1	乱麻
2	喪気
3	不抜
4	方便
5	徹底
6	殺生
7	勧善
8	読書
9	安寧
10	志大

問2

11	カ
12	ウ
13	ア
14	キ
15	ケ

(五)

1	遵守
2	陳腐
3	枝葉
4	答申
5	模倣
6	遺恨
7	度胸
8	往来
9	示談
10	昇進

(六)

1	開設
2	解説
3	間隔
4	感覚
5	披露
6	疲労
7	氷結
8	票決
9	避
10	裂

(七)

1	(昭・照)
2	(促・速)
3	(陰・隠)
4	(改・悔)
5	(待・耐)

(八)

1	悟る
2	漂う
3	奮っ
4	怖がっ
5	携わっ

(九)

1	照合
2	過疎
3	寛容
4	衝突
5	平衡
6	発端
7	自叙伝
8	心遣
9	凝視
10	述懐
11	企業
12	抄訳
13	酷暑
14	便宜
15	侵害
16	妥当
17	缶詰
18	隔
19	顧
20	煮
21	伴
22	虞
23	削
24	迎
25	繰

第10回 模擬試験 解答

(一)

1 ひそう
2 さんか
3 てっしょう
4 きょうさつ
5 しんぎ
6 こんせつ
7 ごばん
8 ふっとう
9 きんげん
10 わくない
11 ちかく
12 とっぱん
13 しょうじょう
14 へんけん
15 そうさく
16 あさづ
17 どうさつ
18 くじゅう
19 そうかつ
20 かっすい
21 ほうかつ
22 くどく
23 いど
24 い
25 ちぎ
26 あ
27 あわ
28 うと
29 かんば
30 はか

(二)

1 儿
2 自
3 口
4 又
5 广
6 亠
7 心
8 聿
9 土
10 歹

(三)

1 エ
2 イ
3 ウ
4 ア
5 エ
6 ウ
7 イ
8 ア
9 オ
10 ア

(四)

問1

1 徹尾
2 地隔
3 斉同
4 迅雷
5 入懐
6 百八
7 異国
8 寡聞
9 開眼
10 対牛

問2

11 カ
12 エ
13 コ
14 イ
15 ク

(五)

1 暗黒
2 露骨
3 概略
4 拒絶
5 消滅
6 会話
7 賛成
8 円満
9 対立
10 本音

(六)

1 失言
2 湿原
3 確信
4 核心
5 演壇
6 縁談
7 用意
8 容易
9 止
10 泊

(七)

1 (枝・肢)
2 (走・争)
3 (複・復)
4 (順・準)
5 (衣・依)

(八)

1 焦がし
2 隔てる
3 伴っ
4 裂い
5 絞っ

(九)

1 封鎖
2 宵闇
3 遺憾
4 平坦
5 主旨
6 落胆
7 渉外
8 不屈
9 成熟
10 廃業
11 該当
12 贈呈
13 療養
14 民謡
15 寛容
16 濫立
17 崇拝
18 滑
19 慰
20 賢
21 詠
22 厳
23 賜
24 掘
25 懐

第11回 模擬試験 解答

(一)

1 かいしん　2 きんしん　3 ほさ
4 きょうじゅ　5 ちゅうすう　6 しょうだく
7 ぼんのう　8 しさ　9 あともど
10 すいしょう　11 じゅんしょく　12 こうけん
13 じゅうじつ　14 ばいかい　15 じゅず
16 そうちょう　17 きゅうてい　18 しょうこ
19 かんよう　20 よじょう　21 せっそく
22 ゆいごん　23 よそお　24 ひか
25 しず　26 くず　27 てい
28 あやま　29 こと　30 みじ

(二)

1 一　2 缶　3 車　4 口
5 殳　6 宀　7 頁　8 穴
9 欠　10 心

(三)

1 イ　2 ア　3 ウ　4 エ
5 オ　6 イ　7 ウ　8 ア
9 エ　10 ウ

(四)

問1

1 休題　2 制剛　3 竜門
4 一策　5 多謝　6 至恭
7 内疎　8 灰心　9 千緒
10 一汁

問2

11 ク　12 カ　13 イ　14 コ
15 エ

(五)

1 受理　2 釈放　3 従属
4 粗大　5 恥辱　6 指揮
7 寄付　8 背任　9 奇談
10 見聞

(六)

1 会議　2 懐疑　3 使者
4 支社　5 感想　6 歓送
7 了解　8 領海　9 供
10 備

(七)

1 (生・成)　2 (摘・適)
3 (成・性)　4 (升・昇)
5 (底・低)

(八)

1 甚だ　2 悔やむ　3 埋まる
4 預かる　5 湿っ

(九)

1 交錯　2 和尚　3 適応
4 珍重　5 偽造　6 詰問
7 発祥　8 驚嘆　9 懇意
10 逸材　11 一概　12 総括
13 名誉　14 邪魔　15 廉価
16 動揺　17 熟睡
18 扉　19 込　20 凝　21 怠
22 暖　23 慰　24 憩　25 譲

第12回 模擬試験 解答

(一)

1 こんけい
2 ごうきゅう
3 いっこん
4 はいすいこう
5 はっしょう
6 いっしょうびん
7 いかん
8 ひへい
9 しょうぞう
10 けんめい
11 どじょう
12 もうてん
13 おじ
14 せんか
15 だとう
16 たんのう
17 ねんぽう
18 しはい
19 しょかつ
20 こうてつ
21 いかく
22 いなか
23 ただよ
24 くせ
25 おこ
26 ほ
27 の
28 ふところ
29 とどこお
30 はなは

(二)

1 人
2 木
3 寸
4 力
5 斉
6 宀
7 音
8 革
9 羽
10 日

(三)

1 エ
2 ウ
3 イ
4 ア
5 ウ
6 エ
7 オ
8 ア
9 イ
10 ア

(四)

問1

1 懸命
2 若拙
3 伯仲
4 辛勤
5 崇拝
6 満目
7 硝煙
8 和洋
9 廃寝
10 有備

問2

11 キ
12 ウ
13 ケ
14 ア
15 オ

(五)

1 浪費
2 歓喜
3 妥結
4 納入
5 謙虚
6 懇意
7 貢献
8 奥義
9 指導
10 推察

(六)

1 回収
2 改修
3 引用
4 飲用
5 漏水
6 老衰
7 私案
8 思案
9 薦
10 勧

(七)

1 (単・担)
2 (深・針)
3 (末・抹)
4 (幣・弊)
5 (転・展)

(八)

1 遂げ
2 稼ぐ
3 隠す
4 控える
5 企て

(九)

1 謹慎
2 肖像権
3 補導
4 寄贈
5 了解
6 柔和
7 醸造
8 多岐
9 譲歩
10 恐喝
11 即刻
12 書斎
13 雄姿
14 奨励
15 克服
16 平穏
17 粛然
18 棚
19 催
20 絞
21 狭
22 垣
23 兼
24 貢
25 肌

第13回 模擬試験 解答

(一)

1 かんさつ
2 こうしょう
3 けんじょく
4 かいじゅうさく
5 きんるい
6 きゅうめい
7 じゅんしょく
8 きんこう
9 なわば
10 ぎんみ
11 すいみん
12 けつぶつ
13 しゃだん
14 じょうかそう
15 しゅぎょく
16 せっちゅう
17 ばいしょうきん
18 とうさい
19 しゃおん
20 ないてい
21 ちゅうかく
22 めんぼく
23 まぎ
24 うら
25 かお
26 した
27 きら
28 かせ
29 あかつき
30 とぼ

(二)

1 石
2 弓
3 頁
4 口
5 肉
6 行
7 貝
8 心
9 刂
10 女

(三)

1 ア
2 イ
3 オ
4 ウ
5 エ
6 イ
7 ウ
8 ア
9 ウ
10 エ

(四)

問1

1 奔放
2 同舟
3 内剛
4 諾諾
5 無二
6 会者
7 内憂
8 明珠
9 謹厳
10 漸入

問2

11 キ
12 オ
13 ケ
14 ア
15 ウ

(五)

1 復帰
2 多弁
3 狭量
4 供給
5 汚濁
6 妥当
7 真心
8 根拠
9 一般
10 肯定

(六)

1 改称
2 快勝
3 秘宝
4 悲報
5 警備
6 軽微
7 師事
8 指示
9 上
10 挙

(七)

1 （要・用）
2 （心・真）
3 （非・否）
4 （検・倹）
5 （寄・奇）

(八)

1 憎む
2 悔しい
3 驚かす
4 眺める
5 戒め

(九)

1 苦慮
2 無償
3 鋭敏
4 襟首
5 特殊
6 巧妙
7 宰相
8 隔週
9 拒否
10 還元
11 沈着
12 信頼
13 零細
14 随分
15 連絡
16 後悔
17 魅力
18 省
19 悼
20 載
21 響
22 踏
23 更
24 嫌
25 潔

第14回 模擬試験 解答

(一)

1 はあく
2 かどう
3 なんか
4 ばいよう
5 めいき
6 つうぎょう
7 ひじゅん
8 しゅくとく
9 くつした
10 はんもん
11 えんしょう
12 たんてい
13 きゅうめいてい
14 ひょうしょうしき
15 しさ
16 けんそん
17 しょだな
18 しょみん
19 こうとう
20 すぎなみき
21 へんせん
22 いぶき
23 いた
24 さまた
25 と
26 しば
27 けず
28 ゆる
29 てい
30 つちか

(二)

1 口
2 隶
3 虫
4 艹
5 ⺍
6 大
7 宀
8 犬
9 心
10 糸

(三)

1 ア
2 エ
3 イ
4 オ
5 ウ
6 ア
7 イ
8 エ
9 ウ
10 ア

(四)

問1

1 剛健
2 意乱
3 妄想
4 渡河
5 錬磨
6 雅俗
7 天下
8 汗牛
9 大願
10 謹言

問2

11 ケ
12 キ
13 ア
14 オ
15 ウ

(五)

1 懲悪
2 必然
3 稚拙
4 至難
5 削減
6 道端
7 進言
8 調和
9 沿革
10 次第

(六)

1 審議
2 心技
3 保管
4 補完
5 急用
6 休養
7 双肩
8 創建
9 掛
10 欠

(七)

1 (違・遺)
2 (寛・緩)
3 (仕・至)
4 (越・超)
5 (功・効)

(八)

1 憤る
2 渇く
3 華やか
4 赴く
5 穏やか

(九)

1 遂行
2 診断
3 破棄
4 謙虚
5 近郊
6 叙述
7 懐疑
8 喚声
9 洪水
10 頑固
11 優雅
12 決裂
13 甲乙
14 表彰
15 食糧
16 又貸
17 充実
18 架
19 慌
20 撮
21 締
22 互
23 輝
24 滞
25 怪

2級 配当漢字表

337字

この漢字表は、漢字検定2級で新たに出題される配当漢字337字で、五十音順に並べたものです。漢字検定2級で覚えなければならない漢字は、この配当漢字337字を含め、常用漢字1945字（平成23年8月現在）です。漢字の読みは、音読みをカタカナで、訓読みをひらがなで表しています。送りがなは細字で示し、（　）の中は、高校で習う読みです。

	漢字	読み	部首・部首名	総画数	漢字の意味	用例
ア	亜	ア	二　に	7	次ぐ・二番目・準じる・すくない・「亜細亜（アジア）」の略	亜聖（あせい）・亜鉛（あえん）・亜熱帯（あねったい）・亜流（ありゅう）・欧亜（おうあ）
イ	尉	イ	寸　すん	11	旧陸海軍や自衛隊の将校の階級の一つ	尉官（いかん）・大尉（たいい）・陸尉（りくい）
	逸	イツ	辶　しんにょう しんにゅう	11	失う・世に知られない・すぐれている・逃がす・はやる	散逸（さんいつ）・逸話（いつわ）・逸材（いつざい）・後逸（こういつ）・逸品（いっぴん）・逸脱（いつだつ）
	姻	イン	女　おんなへん	9	結婚する・結婚によって親類になる・縁組み	婚姻（こんいん）・姻族（いんぞく）・姻戚（いんせき）
	韻	イン	音　おと	19	音の出た後まで聞こえるひびき・詩や歌・おもむき	韻律（いんりつ）・余韻（よいん）・押韻（おういん）・韻文（いんぶん）・音韻（おんいん）・脚韻（きゃくいん）
エ	疫	エキ（ヤク）	疒　やまいだれ	9	流行病・悪性の感染症	疫病（えきびょう）・疫痢（えきり）・検疫（けんえき）・免疫（めんえき）（疫病神（やくびょうがみ））

	漢字	読み	部首	部首名	画数	意味	用例
	謁	エツ	言	ごんべん	15	まみえる・身分の高い人に会う	謁見(えっけん)・親謁(しんえつ)・内謁(ないえつ)・拝謁(はいえつ)
	猿	エン さる	犭	けものへん	13	さる	犬猿(けんえん)・猿楽(さるがく)・猿知恵(さるぢえ)・類人猿(るいじんえん)
オ	凹	オウ	凵	うけばこ	5	へこみ・くぼみ	凹凸(おうとつ)・凹版(おうはん)・凹面鏡(おうめんきょう)
	翁	オウ	羽	はね	10	男の老人・男の老人の敬称	老翁(ろうおう)・岳翁(がくおう)
	虞	おそれ	虍	とらがしら とらかんむり	13	おそれ・心配	津波(つなみ)の虞(おそれ)がある
カ	渦	(カ) うず	氵	さんずい	12	うず・うずまき・うずをまく・もめごと	(渦中(かちゅう))渦潮(うずしお)・渦巻(うずま)き
	禍	カ	礻	しめすへん	13	悪いできごと・ふしあわせ・わざわいする・つみ	禍根(かこん)・禍福(かふく)・災禍(さいか)・舌禍(ぜっか)
	靴	(カ) くつ	革	かわへん	13	革や布などで作ったはきもの	(軍靴(ぐんか)・製靴(せいか))靴下(くつした)・革靴(かわぐつ)
	寡	カ	宀	うかんむり	14	少ない・夫や妻をなくした人	寡言(かげん)・寡黙(かもく)・衆寡(しゅうか)・寡婦(かふ)

漢字	読み	部首	部首名	画数	意味	用例
稼	(カ) かせぐ	禾	のぎへん	15	生計をたてるためにはたらく・かせぐ	(稼業(かぎょう)・稼働(かどう)) 共稼(ともかせ)ぎ
蚊	か	虫	むしへん	10	昆虫のカ	蚊柱(かばしら)・やぶ蚊(か) 蚊取(かと)り線香(せんこう)
拐	カイ	扌	てへん	8	だましとる・だまして連れ出す	誘拐(ゆうかい)・拐帯(かいたい)
懐	カイ (なつかしい) (なつかしむ) (なつく) (なつける) (ふところ)	忄	りっしんべん	16	思う・なつかしむ・なつく・ふところ	懐疑(かいぎ)・懐古(かいこ)・述懐(じゅっかい) 本懐(ほんかい)・懐柔(かいじゅう)・懐妊(かいにん) (犬(いぬ)が懐(なつ)く・懐刀(ふところがたな))
劾	ガイ	力	ちから	8	罪をとり調べる・罪を告発する	劾状(がいじょう)・弾劾(だんがい)・劾奏(がいそう)
涯	ガイ	氵	さんずい	11	水ぎわ・きし・かぎり・はて	水涯(すいがい)・生涯(しょうがい)・境涯(きょうがい) 天涯(てんがい)・際涯(さいがい)
垣	かき	土	つちへん	9	しきるための囲い・かきね	垣根(かきね)・石垣(いしがき) 生(い)け垣(がき)・人垣(ひとがき)
核	カク	木	きへん	10	重要点・中心・「核兵器」の略・果実のたね	核心(かくしん)・中核(ちゅうかく) 核実験(かくじっけん)・核質(かくしつ)

殻	カク から	殳	るまた ほこづくり	11	から・外皮・物の表面のかたいおおい	外殻(がいかく)・卵殻(らんかく)・貝殻(かいがら) 地殻(ちかく)・甲殻(こうかく)
嚇	カク	口	くちへん	17	いかる・しかる・おどす	嚇怒(かくど)・威嚇(いかく)・脅嚇(きょうかく)
潟	かた	氵	さんずい	15	遠浅で潮が引くと現れる所・ひがた	干潟(ひがた)
括	カツ	扌	てへん	9	くくる・まとめる・しめくくる・くびれる	括弧(かっこ)・一括(いっかつ)・統括(とうかつ) 包括(ほうかつ)・概括(がいかつ)・総括(そうかつ)
喝	カツ	口	くちへん	11	どなる・おどす・しかる	喝破(かっぱ)・一喝(いっかつ) 恐喝(きょうかつ)・大喝(だいかつ)
渇	(カツ) かわく	氵	さんずい	11	水がなくなる・のどがかわく・熱望する	(渇水(かっすい)・渇望(かつぼう)・飢渇(きかつ)・ 枯渇(こかつ)) のどが渇(かわ)く
褐	カツ	衤	ころもへん	13	こげ茶色・あらい布の衣服・ぬのこ	褐色(かっしょく)・褐衣(かつい) 茶褐色(ちゃかっしょく)・褐炭(かったん)
轄	カツ	車	くるまへん	17	とりしまる・くさび・とりまとめる	管轄(かんかつ)・所轄(しょかつ)・車轄(しゃかつ) 統轄(とうかつ)・直轄(ちょっかつ)・分轄(ぶんかつ)
且	かつ	一	いち	5	その上に・一方で	遊(あそ)び且(か)つ学(まな)ぶ

漢字	読み	部首	部首名	画数	意味	用例
缶	カン	缶	ほとぎ	6	ブリキ製の入れもの	缶詰（かんづめ）・空（あ）き缶（かん） 缶切（かんき）り・製缶（せいかん）
陥	カン おちいる （おとしいれる）	⻖	こざとへん	10	おちこむ・不足する・欠点・ おとしいれる	陥没（かんぼつ）・欠陥（けっかん）・陥落（かんらく） 窮地（きゅうち）に陥（おちい）る・失陥（しっかん）
患	カン （わずらう）	心	こころ	11	わずらう・わざわい・うれえる・患者	疾患（しっかん）・憂患（ゆうかん）・患者（かんじゃ） 患部（かんぶ）（胸（むね）を患（わずら）う）
堪	（カン） たえる	土	つちへん	12	たえる・すぐれる	（堪忍（かんにん）） 聞（き）くに堪（た）えない
棺	カン	木	きへん	12	死者をおさめる箱・ひつぎ	棺（かん）おけ・出棺（しゅっかん） 石棺（せっかん）・納棺（のうかん）
款	カン	欠	あくび かける	12	まごころから親しむ・ 証書などの箇条がき	款待（かんたい）・借款（しゃっかん）・定款（ていかん） 約款（やっかん）・交款（こうかん）・落款（らっかん）
閑	カン	門	もんがまえ	12	しずか・ひま・なおざりにする	閑散（かんさん）・閑静（かんせい）・閑職（かんしょく） 等閑（とうかん）・安閑（あんかん）・閑却（かんきゃく）
寛	カン	宀	うかんむり	13	心がひろくゆとりがある・くつろぐ	寛大（かんだい）・寛厳（かんげん）・寛容（かんよう） 寛厚（かんこう）・寛仁（かんじん）
憾	カン	忄	りっしんべん	16	心残りに思う・うらむ	遺憾（いかん）・憾恨（かんこん）・私憾（しかん）

還	カン	⻍	しんにょう しんにゅう	16	もとへもどる・かえる・めぐりもどる	還元（かんげん）・還暦（かんれき）・返還（へんかん） 生還（せいかん）・還付（かんぷ）・帰還（きかん）
艦	カン	舟	ふねへん	21	戦闘に用いる船	艦隊（かんたい）・艦艇（かんてい）・軍艦（ぐんかん） 戦艦（せんかん）・艦船（かんせん）・艦長（かんちょう）
頑	ガン	頁	おおがい	13	かたくな・ゆうずうがきかない・じょうぶ	頑固（がんこ）・頑迷（がんめい）・頑強（がんきょう） 頑健（がんけん）・頑丈（がんじょう）
飢	キ うえる	食	しょくへん	10	食物がなく腹がへる・穀物が実らない	飢餓（きが）・飢渇（きかつ） 愛（あい）に飢（う）える
宜	ギ	宀	うかんむり	8	よろしい・都合がよい・当然である・…すべきだ	時宜（じぎ）・便宜（べんぎ）・適宜（てきぎ）
偽	ギ いつわる （にせ）	亻	にんべん	11	いつわる・にせもの・うそ	偽善（ぎぜん）・偽証（ぎしょう）・偽造（ぎぞう）・偽名（ぎめい） 学歴（がくれき）を偽（いつわ）る（偽札（にせさつ））
擬	ギ	扌	てへん	17	まねる・にせる・みせかける・まぎらわしい	模擬（もぎ）・擬音（ぎおん）・擬態（ぎたい） 擬似（ぎじ）・擬作（ぎさく）・擬人（ぎじん）
糾	キュウ	糸	いとへん	9	合わせる・もつれる・ただす	糾合（きゅうごう）・糾明（きゅうめい）・糾弾（きゅうだん） 紛糾（ふんきゅう）・糾問（きゅうもん）
窮	キュウ （きわまる） （きわめる）	穴	あなかんむり	15	きわめる・きわみ・ゆきづまる	窮極（きゅうきょく）・無窮（むきゅう）・窮屈（きゅうくつ） 窮地（きゅうち）（進退窮（しんたいきわ）まる）

拒	キョ こばむ	扌	てへん	8	ふせぐ・よせつけない・ことわる	拒絶・拒否・拒止 要求を拒む・抗拒
享	キョウ	亠	なべぶた けいさんかんむり	8	身にうける・すすめささげる・もてなす	享受・享年・享楽 享有・享持
挟	(キョウ) はさむ はさまる	扌	てへん	9	はさむ・さしはさむ	(挟撃・狭攻) 挟殺 小耳に挟む・狭持
恭	キョウ (うやうやしい)	⺗	したごころ	10	かしこまって・つつしんでていねいなさま	恭賀・恭順・恭悦 温恭 (恭しい態度)
矯	キョウ (ためる)	矢	やへん	17	まっすぐになおす・いつわる・つよい	矯正・矯激・矯風 奇矯 (盗癖を矯める)
暁	(ギョウ) あかつき	日	ひへん	12	夜あけ・物事にあかるい・さとる	(暁星・通暁) 暁光 成功の暁・払暁
菌	キン	艹	くさかんむり	11	キノコやカビの類・ばいきん	菌糸・菌類・細菌 雑菌・殺菌・無菌
琴	キン こと	王	おう	12	弦楽器のこと	琴線・琴曲・木琴 琴歌・弾琴・提琴
謹	キン つつしむ	言	ごんべん	17	かしこまる・うやまってていねいにする	謹賀・謹慎・謹啓 謹んで承る・謹製

漢字	読み	部首	部首名	画数	意味	用例
襟	(キン) えり	衤	ころもへん	18	衣服のえり・むね・こころの中	(開襟・胸襟) 襟足 襟元・襟章・襟度
吟	ギン	口	くちへん	7	うめく・うたう・詩歌をつくる・深く味わう	吟詠・朗吟・詩吟 吟味・吟唱・吟醸
隅 [ク]	グウ すみ	阝	こざとへん	12	かど・すみ	辺隅・一隅 片隅・隅隅
勲	クン	力	ちから	15	国家のためにつくした功績	勲位・勲章・殊勲 叙勲・勲功・元勲
薫	(クン) かおる	艹	くさかんむり	16	かおる・におう・人を感化する・いぶす	(薫陶・薫製) 薫育 風薫る五月・薫化
茎 [ケ]	ケイ くき	艹	くさかんむり	8	草のくき・はしら・つか	根茎・歯茎・地下茎 球茎・水茎
渓	ケイ	氵	さんずい	11	谷・谷間を流れる川	渓谷・渓流・雪渓 渓間・渓水
蛍	ケイ ほたる	虫	むし	11	昆虫のホタル	蛍光灯・蛍雪 蛍火・蛍窓
慶	ケイ	心	こころ	15	よろこぶ・めでたいこと・たまもの・ほうび	慶賀・慶弔 慶福・恩慶

漢字	読み	部首	部首名	画数	意味	用例
傑	ケツ	亻	にんべん	13	すぐれる・才知のすぐれた人物	傑作・傑物 豪傑・英傑
嫌	ケン・ゲン きらう いや	女	おんなへん	13	きらう・いやがる・うたがう	嫌煙・嫌疑 機嫌・嫌気
献	ケン コン	犬	いぬ	13	ささげる・酒をすすめる・かしこい人	献身・献酬 献立・文献
謙	ケン	言	ごんべん	17	へりくだる・うやまう・つつしむ	謙虚・謙辞 謙譲・恭謙
繭	（ケン） まゆ	糸	いと	18	まゆ・きぬいと	（繭糸・蚕繭） 山繭・繭玉
顕	ケン	頁	おおがい	18	あきらか・あらわれる・名声や地位が高い	顕在・顕著 露顕・顕貴
懸	ケン・（ケ） かける かかる	心	こころ	20	かける・つりさげる・ひっかかる・かけはなれる	懸案（懸念） 賞金を懸ける
弦	ゲン （つる）	弓	ゆみへん	8	弓にはるつる・半月・楽器にはる糸	弦楽・上弦 （弓に弦を張る）
呉	ゴ	口	くち	7	中国の古い国名・大声でいう・やかましい	呉音・呉服 呉越同舟

碁	ゴ	石 いし	13	ご	碁石(ごいし)・碁盤(ごばん) 囲碁(いご)・碁会(ごかい)
江	コウ え	氵 さんずい	6	大きな川・長江(ちょうこう)のこと	江南(こうなん)・長江(ちょうこう)・江戸(えど) 江河(こうか)・江湖(こうこ)
肯	コウ	肉 にく	8	ききいれる・うなずく	肯定(こうてい)・首肯(しゅこう)・肯諾(こうだく)
侯	コウ	亻 にんべん	9	領主・きみ・爵位のある人	王侯(おうこう)・諸侯(しょこう)・藩侯(はんこう) 侯爵(こうしゃく)・君侯(くんこう)
洪	コウ	氵 さんずい	9	水があふれる・大きい・ひろい	洪水(こうずい)・洪恩(こうおん)・洪業(こうぎょう)
貢	コウ (ク) (みつぐ)	貝 かい こがい	10	みつぐ・すすめる・みつぎもの	貢献(こうけん)・貢租(こうそ)・朝貢(ちょうこう) (年貢(ねんぐ)・貢ぎ物(みつぎもの))
溝	コウ みぞ	氵 さんずい	13	みぞ・水路	海溝(かいこう)・排水溝(はいすいこう)・側溝(そっこう) 溝(みぞ)を掘(ほ)る・下水溝(げすいこう)
衡	コウ	行 ぎょうがまえ ゆきがまえ	16	はかり・よこ・つりあい	均衡(きんこう)・平衡(へいこう)・連衡(れんこう) 度量衡(どりょうこう)・権衡(けんこう)
購	コウ	貝 かいへん	17	代償をはらって手にいれる・ 買い求める	購入(こうにゅう)・購買(こうばい) 購読(こうどく)・購求(こうきゅう)

漢字	読み	部首	部首名	画数	意味	用例
拷	ゴウ	扌	てへん	9	打ってせめる・苦痛をあたえる	拷問（ごうもん）
剛	ゴウ	刂	りっとう	10	かたい・力がつよい・さかん・じょうぶである	剛健（ごうけん）・剛直（ごうちょく）・剛柔（ごうじゅう） 内剛外柔（ないごうがいじゅう）・剛胆（ごうたん）
酷	コク	酉	とりへん	14	はげしい・むごい・きびしい	酷暑（こくしょ）・冷酷（れいこく）・残酷（ざんこく） 酷評（こくひょう）・酷使（こくし）・酷似（こくじ）
昆	コン	日	ひ	8	むし・多い・兄・のち・子孫	昆虫（こんちゅう）・昆弟（こんてい）・昆布（こんぶ）
懇	コン （ねんごろ）	心	こころ	17	うちとける・まごころ・ていねい	懇意（こんい）・懇願（こんがん）・懇親（こんしん） 懇切（こんせつ）（懇（ねんご）ろに弔（とむら）う）
佐	サ	イ	にんべん	7	たすける・「将」に次ぐ階級・てつだい	佐官（さかん）・大佐（たいさ） 補佐（ほさ）・佐幕（さばく）
唆	サ （そそのかす）	口	くちへん	10	そそのかす・けしかける	教唆（きょうさ）・示唆（しさ） （犯罪（はんざい）を唆（そそのか）す）
詐	サ	言	ごんべん	12	いつわる・だます・うそ	詐欺（さぎ）・詐取（さしゅ）・詐称（さしょう） 詐術（さじゅつ）・詐謀（さぼう）
砕	サイ くだく くだける	石	いしへん	9	うちくだく・細かい・くだくだしい	砕身（さいしん）・粉砕（ふんさい）・砕心（さいしん） 腰砕（こしくだ）け・砕氷（さいひょう）

宰	サイ	宀	うかんむり	10	とりしまる・つかさどる・かしら・料理する	宰相(さいしょう)・宰領(さいりょう)・主宰(しゅさい)・宰割(さいかつ)
栽	サイ	木	き	10	苗木を植える・植えこみ	栽培(さいばい)・植栽(しょくさい)・盆栽(ぼんさい)
斎	サイ	斉	せい	11	つつしむ・へや・ものいみする	潔斎(けっさい)・斎場(さいじょう)・書斎(しょさい)・斎会(さいえ)・斎戒(さいかい)
崎	さき	山	やまへん	11	みさき・でばな・けわしい	御前崎(おまえざき)
索	サク	糸	いと	10	なわ・さがしもとめる・ものさびしい・つきる	索条(さくじょう)・索引(さくいん)・捜索(そうさく)・索漠(さくばく)・思索(しさく)・模索(もさく)
酢	サク す	酉	とりへん	12	す・すっぱい	酢酸(さくさん)・甘酢(あまず)・酢の物(すのもの)・梅酢(うめず)・三杯酢(さんばいず)
桟	サン	木	きへん	10	かけはし・さんばし・たな	桟橋(さんばし)・桟道(さんどう)・桟閣(さんかく)
傘	(サン) かさ	人	ひとやね	12	かさ	(傘下(さんか)・落下傘(らっかさん))雨傘(あまがさ)・日傘(ひがさ)・番傘(ばんがさ)
肢	シ	月	にくづき	8	てあし・胴体からわかれ出たもの	肢体(したい)・四肢(しし)・選択肢(せんたくし)・下肢(かし)

漢字	読み	部首	部首名	画数	意味	用例
嗣	シ	口	くち	13	あとを受けつぐ・あとつぎ	嗣子(しし)・継嗣(けいし)・嫡嗣(ちゃくし)
賜	(シ) たまわる	貝	かいへん	15	身分の高い人が物を与える・めぐむ・いただく	(下賜(かし)・恵賜(けいし)・賜杯(しはい)・恩賜(おんし)) ご意見(いけん)を賜(たまわ)る
滋	ジ	氵	さんずい	12	うるおす・しげる・栄養になる・育てる	滋雨(じう)・滋味(じみ) 滋養(じよう)・滋育(じいく)
璽	ジ	玉	たま	19	天子の印・しるし	璽書(じしょ)・御璽(ぎょじ)・玉璽(ぎょくじ) 国璽(こくじ)・璽符(じふ)・印璽(いんじ)
漆	シツ うるし	氵	さんずい	14	うるし・ぬる・うるしのように黒い	漆器(しっき)・漆黒(しっこく)・乾漆(かんしつ) 漆細工(うるしざいく)・漆工(しっこう)
遮	シャ さえぎる	辶	しんにょう しんにゅう	14	さえぎる・おしとどめる・おおってかくす	遮音(しゃおん)・遮断(しゃだん)・遮光(しゃこう) 進路(しんろ)を遮(さえぎ)る・遮絶(しゃぜつ)
蛇	ジャ・ダ へび	虫	むしへん	11	へび・へびのようにくねったさま	蛇口(じゃぐち)・蛇腹(じゃばら)・蛇足(だそく) 毒蛇(どくへび)・蛇行(だこう)・大蛇(だいじゃ)
勺	シャク	勹	つつみがまえ	3	容積の単位・ひしゃく・くむ	一勺(いっしゃく)
酌	シャク (くむ)	酉	とりへん	10	さけをつぐ・さかもり・くみとる	独酌(どくしゃく)・酌量(しゃくりょう)・晩酌(ばんしゃく) 手酌(てじゃく) (事情(じじょう)を酌(く)む)

爵	シャク	爫	つめかんむり つめがしら	17	貴族の階級をあらわすことば	爵位(しゃくい)・公爵(こうしゃく)・男爵(だんしゃく) 伯爵(はくしゃく)・侯爵(こうしゃく)・叙爵(じょしゃく)
珠	シュ	⺩	おうへん たまへん	10	たま・美しいもののたとえ	珠算(しゅざん)・真珠(しんじゅ)・珠玉(しゅぎょく) 宝珠(ほうじゅ)・連珠(れんじゅ)
儒	ジュ	亻	にんべん	16	孔子(こうし)の教え・学者	儒学(じゅがく)・儒教(じゅきょう)・儒者(じゅしゃ) 儒家(じゅか)・儒林(じゅりん)
囚	シュウ	囗	くにがまえ	5	とらえる・とりこ・とらわれ人	囚人(しゅうじん)・女囚(じょしゅう)・囚獄(しゅうごく) 脱獄囚(だつごくしゅう)・囚縛(しゅうばく)
臭	シュウ くさい	自	みずから	9	におい・くさい・悪いうわさ	臭覚(しゅうかく)・臭聞(しゅうぶん)・生臭(なまぐさ)い
愁	シュウ (うれえる) (うれい)	心	こころ	13	うれえる・かなしむ	愁嘆(しゅうたん)・愁傷(しゅうしょう) (将来(しょうらい)を愁(うれ)える)
酬	シュウ	酉	とりへん	13	むくいる・お返しする・ 酒をすすめる・返事	報酬(ほうしゅう)・応酬(おうしゅう) 献酬(けんしゅう)・貴酬(きしゅう)
醜	シュウ みにくい	酉	とりへん	17	みにくい・けがれ・恥ずかしい行い	醜悪(しゅうあく)・醜態(しゅうたい)・醜(みにく)い争(あらそ)い
汁	ジュウ しる	氵	さんずい	5	しる・つゆ・液体	果汁(かじゅう)・墨汁(ぼくじゅう)・汁粉(しるこ)

充	ジュウ（あてる）	儿	ひとあし にんにょう	6	みちる・みたす・あてる・おぎなう	充実(じゅうじつ)・充足(じゅうそく)（食費(しょくひ)に充(あ)てる）
渋	ジュウ しぶ・しぶい しぶる	氵	さんずい	11	しぶい・とどこおる・しぶる	苦渋(くじゅう)・渋滞(じゅうたい) 返事(へんじ)を渋(しぶ)る
銃	ジュウ	釒	かねへん	14	てっぽう・じゅう	銃撃(じゅうげき)・銃弾(じゅうだん)・機関銃(きかんじゅう)
叔	シュク	又	また	8	父母の弟、妹・兄弟の順の三番目	叔父(おじ)・叔母(おば)
淑	シュク	氵	さんずい	11	しとやか・よいと思ってしたう・善良である	淑女(しゅくじょ)・貞淑(ていしゅく)・私淑(ししゅく)
粛	シュク	聿	ふでづくり	11	つつしむ・ただす	厳粛(げんしゅく)・自粛(じしゅく)・粛清(しゅくせい) 粛然(しゅくぜん)・粛正(しゅくせい)・静粛(せいしゅく)
塾	ジュク	土	つち	14	まなびや・私設の学校・へや	塾舎(じゅくしゃ)・私塾(しじゅく)・塾生(じゅくせい) 学習塾(がくしゅうじゅく)・義塾(ぎじゅく)
俊	シュン	亻	にんべん	9	すぐれる・すぐれた人物	俊傑(しゅんけつ)・俊敏(しゅんびん)・英俊(えいしゅん) 俊才(しゅんさい)・俊秀(しゅんしゅう)・俊足(しゅんそく)
准	ジュン	冫	にすい	10	なぞらえる・次ぐ・ゆるす	准将(じゅんしょう)・批准(ひじゅん) 准看護師(じゅんかんごし)・准可(じゅんか)

漢字	読み	部首	部首名	画数	意味	用例
殉	ジュン	歹	かばねへん いちたへん がつへん	10	あとを追って死ぬ・生命をなげだす	殉死(じゅんし)・殉教(じゅんきょう)・殉難(じゅんなん) 殉職(じゅんしょく)・殉国(じゅんこく)・殉葬(じゅんそう)
循	ジュン	彳	ぎょうにんべん	12	したがう・めぐる	循環(じゅんかん)・因循(いんじゅん) 循行(じゅんこう)・循守(じゅんしゅ)
庶	ショ	广	まだれ	11	もろもろ・こいねがう 正妻でない女性の生んだ子	庶民(しょみん)・庶務(しょむ)・庶子(しょし) 庶事(しょじ)・嫡庶(ちゃくしょ)
緒	ショ チョ お	糸	いとへん	14	ものごとのはじめ・こころ・ひも	緒戦(しょせん)・由緒(ゆいしょ)・情緒(じょうちょ) 鼻緒(はなお)・一緒(いっしょ)・内緒(ないしょ)
叙	ジョ	又	また	9	順序だててのべる・位につける	叙述(じょじゅつ)・叙勲(じょくん)・叙景(じょけい) 自叙伝(じじょでん)・叙事(じょじ)
升	ショウ ます	十	じゅう	4	のぼる・みのる・ます・容量の単位	升目(ますめ)・一升(いっしょう)
抄	ショウ	扌	てへん	7	ぬきがき・書き写す・かすめとる・ 紙をすく	抄本(しょうほん)・抄訳(しょうやく)・抄録(しょうろく) 抄紙(しょうし)・抄写(しょうしゃ)・詩抄(ししょう)
肖	ショウ	肉	にく	7	にる・にせる・かたどる・あやかる	肖像(しょうぞう)・不肖(ふしょう)
尚	ショウ	⺌	しょう	8	なお・まだ・重んじる・程度が高い	尚早(しょうそう)・尚古(しょうこ)・高尚(こうしょう) 尚武(しょうぶ)・和尚(おしょう)・好尚(こうしょう)

宵	（ショウ） よい	宀	うかんむり	10	よい・日が暮れてまもないころ	（春宵（しゅんしょう）・徹宵（てっしょう））宵寝（よいね） 宵越し（よいごし）・宵宮（よいみや）
症	ショウ	疒	やまいだれ	10	病気のしるし・病気	症状（しょうじょう）・炎症（えんしょう）・軽症（けいしょう） 重症（じゅうしょう）・症候（しょうこう）
祥	ショウ	ネ	しめすへん	10	めでたいこと・きざし・しるし	清祥（せいしょう）・発祥（はっしょう）・吉祥（きっしょう） 不祥事（ふしょうじ）・祥雲（しょううん）
渉	ショウ	氵	さんずい	11	わたる・広く見聞（けんぶん）する・かかわる・あつかう	渉外（しょうがい）・渉猟（しょうりょう） 干渉（かんしょう）・交渉（こうしょう）
訟	ショウ	言	ごんべん	11	うったえる・あらそう・おおやけ	訴訟（そしょう）・争訟（そうしょう） 訟獄（しょうごく）・訟訴（しょうそ）
硝	ショウ	石	いしへん	12	鉱物の一種・火薬	硝酸（しょうさん）・硝薬（しょうやく）・硝煙（しょうえん） 煙硝（えんしょう）・硝石（しょうせき）
粧	ショウ	米	こめへん	12	よそおう・かざる	化粧（けしょう）・仮粧（けしょう） 粧鏡（しょうきょう）・美粧（びしょう）
詔	ショウ （みことのり）	言	ごんべん	12	天子の命令・みことのり・つげる	詔書（しょうしょ）・詔勅（しょうちょく）・詔使（しょうし） 恩詔（おんしょう）（国会召集（こっかいしょうしゅう）の詔（みことのり））
奨	ショウ	大	だい	13	すすめる・すすめ励ます・助ける	推奨（すいしょう）・奨励（しょうれい） 奨学金（しょうがくきん）・勧奨（かんしょう）

漢字	読み	部首	部首名	画数	意味	用例
彰	ショウ	彡	さんづくり	14	あきらかである・あらわす・あや	顕彰・表彰 彰功・彰徳
償	ショウ つぐなう	亻	にんべん	17	損失を補う・むくいる・つぐない	弁償・償却・償還 罪を償う・代償
礁	ショウ	石	いしへん	17	水面に現れていない岩・水底の岩	暗礁・岩礁・環礁 さんご礁・座礁
浄	ジョウ	氵	さんずい	9	きよい・きよめる・けがれがない	浄化・浄土・洗浄 不浄・浄財・清浄
剰	ジョウ	刂	りっとう	11	あまる・のこり	過剰・余剰 剰員・剰金
縄	ジョウ なわ	糸	いとへん	15	なわ・すみなわ・ただす・法則・標準	縄文・準縄・捕縄 縄張り・火縄
壌	ジョウ	土	つちへん	16	つち・肥える・大地	土壌・豊壌 天壌・壌土
醸	ジョウ （かもす）	酉	とりへん	20	かもす・酒をつくる・ものをつくりだす	醸成・醸造・醸酒 吟醸（物議を醸す）
津	（シン） つ	氵	さんずい	9	みなと・きし・あふれる	（興味津津） 津軽・津波

ス

唇	(シン) くちびる	口	くち	10	くちびる	（紅唇(こうしん)・唇音(しんおん)・読唇術(どくしんじゅつ)） 唇(くちびる)をなめる
娠	シン	女	おんなへん	10	みごもる	妊娠(にんしん)
紳	シン	糸	いとへん	11	教養のある人・身分の高い人	紳士(しんし)・紳商(しんしょう)・貴紳(きしん)
診	シン みる	言	ごんべん	12	病状を調べる・うらなう	診察(しんさつ)・検診(けんしん)・診断(しんだん) 患者(かんじゃ)を診(み)る・診療(しんりょう)
刃	(ジン) は	刀	かたな	3	は・やいば・きる	（凶刃(きょうじん)・自刃(じじん)・刃創(じんそう)・白刃(はくじん)） 刃物(はもの)・両刃(りょうば)
迅	ジン	辶	しんにょう しんにゅう	6	はやい・はげしい	迅速(じんそく)・奮迅(ふんじん)・迅急(じんきゅう) 疾風迅雷(しっぷうじんらい)・迅疾(じんしつ)
甚	(ジン) はなはだ はなはだしい	甘	かん あまい	9	はなはだしい・非常に・度をこす	（甚大(じんだい)・激甚(げきじん)・幸甚(こうじん)・深甚(しんじん)） 甚(はなは)だ残念(ざんねん)だ
帥	スイ	巾	はば	9	ひきいる・したがう・軍をひきいる長	元帥(げんすい)・総帥(そうすい) 統帥(とうすい)
睡	スイ	目	めへん	13	ねむる・ねむり・ねむい	睡魔(すいま)・睡眠(すいみん)・午睡(ごすい) 熟睡(じゅくすい)・仮睡(かすい)

セ

漢字	読み	部首	部首名	画数	意味	用例
錘	スイ （つむ）	金	かねへん	16	おもり・ふんどう・つむ・糸をつむぐ道具	錘子(すいし)・鉛錘(えんすい) 紡錘(ぼうすい)
枢	スウ	木	きへん	8	ものごとのかなめ・中心	枢軸(すうじく)・枢機(すうき)・枢密(すうみつ) 中枢(ちゅうすう)・枢要(すうよう)・天枢(てんすう)
崇	スウ	山	やま	11	たかい・あがめる・尊ぶ	崇高(すうこう)・崇拝(すうはい)・尊崇(そんすう) 崇敬(すうけい)・崇信(すうしん)
据	すえる すわる	扌	てへん	11	そのままにしておく・すえる	据(す)え置(お)き・首(くび)が据(す)わる
杉	すぎ	木	きへん	7	すぎ	杉板(すぎいた)・杉皮(すぎかわ)・杉戸(すぎど) 杉折(すぎおり)・杉菜(すぎな)
畝	せ うね	田	た	10	耕地の面積の単位・うね・あぜ	一畝(いっせ)・畝織(うねおり) 畝(うね)づくり
斉	セイ	斉	せい	8	そろえる・そろう・ととのえる・ひとしい	斉唱(せいしょう)・一斉(いっせい)・均斉(きんせい) 整斉(せいせい)・斉民(せいみん)
逝	セイ （ゆく）	辶	しんにょう しんにゅう	10	ゆく・去って行く・人が死ぬ	逝去(せいきょ)・急逝(きゅうせい)・永逝(えいせい) （若(わか)くして逝(ゆ)く）長逝(ちょうせい)
誓	セイ ちかう	言	げん	14	かたく約束する・ちかう	誓詞(せいし)・誓約(せいやく)・誓願(せいがん) 神(かみ)に誓(ちか)う・誓文(せいもん)

漢字	音読み	部首	部首名	画数	意味	用例
析	セキ	木	きへん	8	木をさく・こまかくわける・解く・分解する	析出(せきしゅつ)・解析(かいせき)・透析(とうせき)・分析(ぶんせき)
拙	セツ	扌	てへん	8	つたない・へた・自分の謙称	稚拙(ちせつ)・拙速(せっそく)・巧拙(こうせつ)・拙者(せっしゃ)・拙悪(せつあく)・拙宅(せったく)
窃	セツ	穴	あなかんむり	9	ぬすむ・ぬすびと・ひそかに	窃取(せっしゅ)・窃盗(せっとう)・窃笑(せっしょう)・窃視(せっし)
仙	セン	亻	にんべん	5	せんにん・高尚な人・非凡な人	仙人(せんにん)・仙骨(せんこつ)・画仙(がせん)・歌仙(かせん)・仙境(せんきょう)・仙術(せんじゅつ)
栓	セン	木	きへん	10	穴などをふさぐもの・ガス管などの開閉装置	元栓(もとせん)・血栓(けっせん)・給水栓(きゅうすいせん)
旋	セン	方	ほうへん かたへん	11	めぐる・ぐるぐるまわる・うねる・かえる・仲をとりもつ	旋回(せんかい)・旋律(せんりつ)・周旋(しゅうせん)・旋盤(せんばん)・旋風(せんぷう)
践	セン	⻊	あしへん	13	ふむ・ふみ行う・したがう・位につく	践行(せんこう)・実践(じっせん)・践位(せんい)・履践(りせん)
銑	セン	釒	かねへん	14	純度(じゅんど)の低い鉄	銑鉄(せんてつ)・溶銑(ようせん)
遷	セン	⻌	しんにょう しんにゅう	15	うつる・うつす・かえる・移り変わる	遷移(せんい)・遷都(せんと)・左遷(させん)・変遷(へんせん)・遷延(せんえん)・遷宮(せんぐう)

漢字	読み	部首	部首名	画数	意味	用例
薦	セン・すすめる	艹	くさかんむり	16	すすめる	推薦・自薦・薦挙・社長に薦める・他薦
繊	セン	糸	いとへん	17	細い・うすぎぬ・ほっそりして美しい	繊維・化繊・合繊・繊細・繊弱・繊毛
禅	ゼン	礻	しめすへん	13	天子が位をゆずる・しずか・天子のまつり	禅譲・禅宗・座禅・禅師・禅僧
漸	ゼン	氵	さんずい	14	だんだんと・次第に・ようやく・すすむ	漸次・漸増・漸進・漸減・西漸
租	ソ	禾	のぎへん	10	ねんぐ・土地を借りる	租税・地租・租界・租借・負租・免租
疎	ソ・(うとい)・(うとむ)	𤴔	ひきへん	12	あらい・おおざっぱ・うとい・親しくない・おろそか	疎開・疎遠・疎外・疎密（世事に疎い）
塑	ソ	土	つち	13	土をこねて形をつくる	塑像・塑造・彫塑・可塑性
壮	ソウ	士	さむらい	6	若者・つよい・りっぱなこと	壮健・壮年・強壮・豪壮・壮観・壮大
荘	ソウ	艹	くさかんむり	9	おごそか・おもおもしい・別宅・しもやしき	荘厳・荘重・山荘・別荘

漢字	読み	部首	部首名	画数	意味	用例
捜	ソウ さがす	扌	てへん	10	さがす・さぐる・さがしもとめる	捜査(そうさ)・捜索(そうさく) 犯人(はんにん)を捜(さが)す
挿	ソウ さす	扌	てへん	10	さす・さしはさむ・さしこむ	挿入(そうにゅう)・挿話(そうわ)・挿花(そうか) 挿(さ)し木(き)・挿(さ)し絵(え)
曹	ソウ	曰	ひらび いわく	11	裁判をつかさどる官・なかま・軍隊の階級の一つ	法曹(ほうそう)・曹長(そうちょう) 軍曹(ぐんそう)・陸曹(りくそう)
喪	ソウ も	口	くち	12	も・とむらいの礼・失う・なくす	喪失(そうしつ)・大喪(たいそう)・喪主(もしゅ) 喪中(もちゅう)・喪心(そうしん)・喪服(もふく)
槽	ソウ	木	きへん	15	おけ・おけの形をしたもの	水槽(すいそう)・浴槽(よくそう) 浄化槽(じょうかそう)・歯槽(しそう)
霜	(ソウ) しも	⻗	あめかんむり	17	しも・年月・しものように白い	(星霜(せいそう)・霜毛(そうもう)・霜害(そうがい)・ 秋霜(しゅうそう)) 初霜(はつしも)・霜柱(しもばしら)
藻	ソウ も	艹	くさかんむり	19	も・水草・あや・美しいことば	藻類(そうるい)・海藻(かいそう) 文藻(ぶんそう)・藻草(もぐさ)
妥 (タ)	ダ	女	おんな	7	おれあう・ゆずりあう・おだやか	妥協(だきょう)・妥結(だけつ) 妥当(だとう)
堕	ダ	土	つち	12	おちる・おとす・おこたる	堕胎(だたい)・堕落(だらく)

チ

惰	ダ	忄	りっしんべん	12	なまける・ある勢いが続くこと・従来の習慣	怠惰(たいだ)・惰眠(だみん)・惰性(だせい) 惰弱(だじゃく)・惰力(だりょく)
駄	ダ	馬	うまへん	14	荷を負わせる・はきもの・粗悪な	足駄(あしだ)・駄作(ださく)・駄賃(だちん) 駄菓子(だがし)・駄目(だめ)
泰	タイ	氺	したみず	10	やすらか・おちついている・はなはだ	泰然(たいぜん)・泰平(たいへい)・安泰(あんたい) 泰西(たいせい)・泰斗(たいと)・泰山(たいざん)
濯	タク	氵	さんずい	17	あらう・すすぐ	洗濯(せんたく)・濯足(たくそく)
但	ただし	亻	にんべん	7	ただ・それだけ・ただし	但(ただ)し書(が)き
棚	たな	木	きへん	12	たな・かけはし	棚卸(たなおろ)し・書棚(しょだな) 本棚(ほんだな)・棚橋(たなはし)
痴	チ	疒	やまいだれ	13	おろか・色欲に迷う・執着・夢中になる	痴漢(ちかん)・痴態(ちたい)・音痴(おんち) 書痴(しょち)・痴情(ちじょう)・痴話(ちわ)
逐	チク	辶	しんにょう しんにゅう	10	おう・おい払う・順をおう・きそう	逐次(ちくじ)・逐一(ちくいち)・駆逐(くちく) 放逐(ほうちく)・逐条(ちくじょう)・逐電(ちくでん)
秩	チツ	禾	のぎへん	10	順序・地位・役人の俸給(ほうきゅう)	秩序(ちつじょ)・俸秩(ほうちつ)

嫡	チャク	女	おんなへん	14	本妻・本妻の生んだ子・直系の血すじ	嫡子・嫡出・嫡孫 家嫡・嫡男・嫡流
衷	チュウ	衣	ころも	9	まごころ・なかほど	衷情・衷心 苦衷・折衷
弔	チョウ とむらう	弓	ゆみ	4	とむらう・かたよらない	弔辞・慶弔・弔意 死者を弔う・弔問
挑	チョウ いどむ	扌	てへん	9	いどむ・しかける・かかげる	挑戦・挑発 強敵に挑む
眺	チョウ ながめる	目	めへん	11	ながめる・見わたす・ながめ	眺望・眺覧 星を眺める
釣	（チョウ） つる	釒	かねへん	11	魚をつる・つりさげる	（釣果・釣魚）釣り針 釣り合い・釣り鐘
懲	チョウ こりる・こらす こらしめる	心	こころ	18	こらす・こらしめる・こりごりする	懲役・懲罰・懲悪 失敗に懲りる・懲戒
勅	チョク	力	ちから	9	天子のことば、命令・いましめる	勅語・勅命・詔勅 勅使・勅旨
朕	チン	月	つきへん	10	天子の自称	朕は国家なり

漢字	読み	部首	部首名	画数	意味	用例
塚	つか	土	つちへん	12	土を高く盛った墓・墓・おか	塚穴(つかあな)・貝塚(かいづか)　一里塚(いちりづか)
漬	つける　つかる	氵	さんずい	14	ひたす・つかる・つけものにする	漬物(つけもの)・お茶漬け(ちゃづ)　塩漬け(しおづ)
坪	つぼ	土	つちへん	8	土地の面積の単位・たいらなさま	坪数(つぼすう)・坪庭(つぼにわ)　建坪(たてつぼ)・延べ坪(のべつぼ)
呈	テイ	口	くち	7	さしだす・さしあげる・あらわししめす	呈上(ていじょう)・謹呈(きんてい)・贈呈(ぞうてい)　露呈(ろてい)・呈示(ていじ)・進呈(しんてい)
廷	テイ	廴	えんにょう	7	政務をとる所・役所・裁判所	宮廷(きゅうてい)・朝廷(ちょうてい)・出廷(しゅってい)　法廷(ほうてい)・閉廷(へいてい)・廷内(ていない)
邸	テイ	阝	おおざと	8	りっぱな住居・やしき	邸宅(ていたく)・官邸(かんてい)・公邸(こうてい)　別邸(べってい)・廷内(ていない)・豪邸(ごうてい)
亭	テイ	亠	なべぶた　けいさんかんむり	9	しゅくば・やどや・あずまや・高くそびえる	旅亭(りょてい)・料亭(りょうてい)・池亭(ちてい)　亭主(ていしゅ)・駅亭(えきてい)・泉亭(せんてい)
貞	テイ	貝	かい　こがい	9	みさおを守る・ただしい・まこと	貞淑(ていしゅく)・貞節(ていせつ)　貞操(ていそう)・不貞(ふてい)
逓	テイ	辶	しんにょう　しんにゅう	10	次から次へと伝え送る・しだいに・代わる	逓信(ていしん)・逓送(ていそう)・逓減(ていげん)　逓増(ていぞう)・逓次(ていじ)・伝逓(でんてい)

漢字	読み	部首	部首名	画数	意味	用例
偵	テイ	亻	にんべん	11	うかがう・ようすをさぐる・事情をさぐる人	偵察(ていさつ)・探偵(たんてい)・内偵(ないてい)・密偵(みってい)
艇	テイ	舟	ふねへん	13	ふね・こぶね・ボート	艇身(ていしん)・競艇(きょうてい)・舟艇(しゅうてい)・救命艇(きゅうめいてい)・艇庫(ていこ)
泥	（デイ）どろ	氵	さんずい	8	どろ・にごる・正体をなくす・こだわる	（泥酔(でいすい)・泥水(でいすい)・拘泥(こうでい)）泥縄(どろなわ)・泥沼(どろぬま)
迭	テツ	辶	しんにょう しんにゅう	8	かわる・にげる・かわるがわる	更迭(こうてつ)・迭代(てつだい)・迭立(てつりつ)
徹	テツ	彳	ぎょうにんべん	15	つらぬきとおす・夜どおし・とりはらう	徹底(てってい)・徹夜(てつや)・貫徹(かんてつ)・透徹(とうてつ)
撤	テツ	扌	てへん	15	やめる・とりのぞく・ひきあげる	撤回(てっかい)・撤去(てっきょ)・撤退(てったい)・撤兵(てっぺい)・撤収(てっしゅう)・撤廃(てっぱい)
悼	トウ（いたむ）	忄	りっしんべん	11	いたむ・かなしむ	悼辞(とうじ)・哀悼(あいとう)・悼惜(とうせき)・追悼(ついとう)（死を悼(いた)む）
搭	トウ	扌	てへん	12	のる・のせる	搭載(とうさい)・搭乗(とうじょう)
棟	トウ むね（むな）	木	きへん	12	屋根のむね・むなぎ・長い建物を数える語	病棟(びょうとう)・棟上(むねあ)げ（棟木(むなぎ)）

見出し	漢字	読み	部首	部首名	画数	意味	用例
	筒	トウ つつ	⺮	たけかんむり	12	つつ・くだ	水筒(すいとう)・封筒(ふうとう)・筒抜け(つつぬ)け・円筒(えんとう)・竹筒(たけづつ)
	謄	トウ	言	げん	17	うつす・原本を書き写す	謄写(とうしゃ)・謄本(とうほん)・謄録(とうろく)
	騰	トウ	馬	うま	20	あがる・のぼる・物価が高くなる	騰貴(とうき)・急騰(きゅうとう)・高騰(こうとう)・沸騰(ふっとう)・暴騰(ぼうとう)・騰勢(とうせい)
	洞	ドウ ほら	氵	さんずい	9	ほらあな・ふかい・見とおす	空洞(くうどう)・洞察(どうさつ)・洞穴(ほらあな(どうけつ))
	督	トク	目	め	13	みはる・とがめる・ひきいる・うながす	監督(かんとく)・提督(ていとく)・督励(とくれい)・督促(とくそく)・家督(かとく)・総督(そうとく)
	凸	トツ	凵	うけばこ	5	まわりが低く中央がでている	凸版(とっぱん)・凹凸(おうとつ)・凸起(とっき)・凸面鏡(とつめんきょう)・凸(とつ)レンズ
	屯	トン	屮	てつ	4	たむろ・とどまって守る	屯営(とんえい)・駐屯(ちゅうとん)・屯集(とんしゅう)・屯田兵(とんでんへい)・屯所(とんしょ)
ナ	軟	ナン やわらか やわらかい	車	くるまへん	11	やわらかい・しなやか・よわい	軟球(なんきゅう)・軟派(なんぱ)・軟化(なんか)・軟(やわ)らかい土(つち)・軟禁(なんきん)
ニ	尼	(ニ) あま	尸	かばね しかばね	5	あま	(尼僧(にそう)・禅尼(ぜんに))尼寺(あまでら)

漢字	読み	部首	部首名	画数	意味	用例
妊	ニン	女	おんなへん	7	みごもる	妊娠（にんしん）・妊婦（にんぷ） 懐妊（かいにん）・避妊（ひにん）
忍	ニン しのぶ しのばせる	心	こころ	7	こらえる・しのぶ・むごい・ しのばせる	忍耐（にんたい）・残忍（ざんにん）・忍従（にんじゅう） 人目（ひとめ）を忍（しの）ぶ・堪忍（かんにん）
寧	ネイ	宀	うかんむり	14	やすらか・ねんごろにする	寧日（ねいじつ）・安寧（あんねい） 丁寧（ていねい）・寧静（ねいせい）
把	ハ	扌	てへん	7	とる・にぎる・とって・たば	把握（はあく）・把持（はじ） 把手（はしゅ）・一把（いっぱ）
覇	ハ	覀	おおいかんむり	19	はたがしら・武力で天下を従える・ 優勝する	覇者（はしゃ）・覇業（はぎょう）・覇権（はけん） 制覇（せいは）・覇王（はおう）・覇気（はき）
廃	ハイ すたれる すたる	广	まだれ	12	すてる・やめる・すたれる	廃案（はいあん）・荒廃（こうはい）・廃棄（はいき） 流行（りゅうこう）が廃（すた）れる・廃業（はいぎょう）
培	バイ （つちかう）	土	つちへん	11	やしない育てる・つちかう	培養（ばいよう）・栽培（さいばい） （草木（くさき）を培（つちか）う）
媒	バイ	女	おんなへん	12	なかだち・なこうど	媒介（ばいかい）・媒酌（ばいしゃく）・触媒（しょくばい） 溶媒（ようばい）・媒体（ばいたい）
賠	バイ	貝	かいへん	15	つぐなう・ うめあわせのため代物を払う	賠償（ばいしょう）

伯	ハク	イ にんべん	7	兄弟で最年長の者・一芸にすぐれた人・かしら	伯兄(はっけい)・伯爵(はくしゃく)・画伯(がはく) 伯仲(はくちゅう)・伯叔(はくしゅく)
舶	ハク	舟 ふねへん	11	ふね・海洋を航行する大きな舟	船舶(せんぱく)・舶来(はくらい) 舶載(はくさい)
漠	バク	氵 さんずい	13	さばく・ひろい・はっきりしないさま・さびしい	砂漠(さばく)・広漠(こうばく)・漠然(ばくぜん) 空漠(くうばく)・荒漠(こうばく)・索漠(さくばく)
肌	はだ	月 にくづき	6	はだ・ひふ・物の表面	肌色(はだいろ)・肌身(はだみ)・素肌(すはだ) 柔肌(やわはだ)・地肌(じはだ)・雪肌(ゆきはだ)
鉢	ハチ (ハツ)	金 かねへん	13	はち・皿の深く大きいもの	植木鉢(うえきばち)・鉢物(はちもの)・鉢植え(はちうえ) 鉢巻き(はちまき)(衣鉢(いはつ))
閥	バツ	門 もんがまえ	14	いえがら・てがら・なかま・党派	門閥(もんばつ)・学閥(がくばつ) 財閥(ざいばつ)・派閥(はばつ)
煩	ハン・(ボン) わずらう わずらわす	火 ひへん	13	わずらわしい・苦しみなやむ・わずらう	煩雑(はんざつ)・煩務(はんむ)(煩悩(ぼんのう)) 恋煩い(こいわずらい)
頒	ハン	頁 おおがい	13	くばる・分ける・しく・まだら	頒価(はんか)・頒布(はんぷ) 頒白(はんぱく)・頒行(はんこう)
妃	ヒ	女 おんなへん	6	きさき・皇族の妻	王妃(おうひ)・公妃(こうひ)・正妃(せいひ) 妃殿下(ひでんか)・後妃(こうひ)

漢字	読み	部首	部首名	画数	意味	用例
披	ヒ	扌	てへん	8	ひらく・ひろめる・うちあける	披見(ひけん)・披露(ひろう)・直披(じきひ) 披襟(ひきん)・披閲(ひえつ)・披覧(ひらん)
扉	(ヒ) とびら	戸	とだれ とかんむり	12	とびら・書物のとびら	(鉄扉(てっぴ)・門扉(もんぴ)) 扉(とびら)を開(ひら)く・扉絵(とびらえ)
罷	ヒ	罒	あみがしら あみめ よこめ	15	中止する・職をやめる・つかれる・退出する	罷業(ひぎょう)・罷免(ひめん)
猫	(ビョウ) ねこ	犭	けものへん	11	ねこ	(猫額(びょうがく)・愛猫(あいびょう)) 猫舌(ねこじた)・猫背(ねこぜ)
賓	ヒン	貝	かい こがい	15	客人・もてなす・したがう	賓客(ひんきゃく)・貴賓(きひん)・主賓(しゅひん) 来賓(らいひん)・外賓(がいひん)・迎賓(げいひん)
頻	ヒン	頁	おおがい	17	しきりに・しばしば・きれめなく	頻出(ひんしゅつ)・頻度(ひんど) 頻発(ひんぱつ)・頻繁(ひんぱん)
瓶	ビン	瓦	かわら	11	かめ・びん・湯をわかす器	瓶詰(びんづめ)・花瓶(かびん) 鉄瓶(てつびん)・土瓶(どびん)
扶	フ	扌	てへん	7	たすける・力を貸す・ささえる・世話をする	扶助(ふじょ)・扶育(ふいく) 扶養(ふよう)・扶翼(ふよく)
附	フ	阝	こざとへん	8	つく・つけ加える・つきしたがう	附記(ふき)・寄附(きふ)・附属(ふぞく) 附随(ふずい)・附加(ふか)・附則(ふそく)

へ

漢字	読み	部首	部首名	画数	意味	用例
譜	フ	言	ごんべん	19	しるす・つづく・系統図・音楽の譜	譜代(ふだい)・譜図(ふず)・楽譜(がくふ)・系譜(けいふ)・音譜(おんぷ)・年譜(ねんぷ)
侮	ブ（あなどる）	亻	にんべん	8	あなどる・ばかにする・軽んずる	侮言(ぶげん)・侮辱(ぶじょく)・軽侮(けいぶ)・慢侮(まんぶ)（敵(てき)を侮(あなど)る）
沸	フツ わく わかす	氵	さんずい	8	にえたつ・水がわき出る・盛んに起こる	沸騰(ふっとう)・沸点(ふってん)・沸湯(ふっとう)・湯沸(ゆわ)かし・煮沸(しゃふつ)
雰	フン	雨	あめかんむり	12	気分・ようす・大気・空気	雰囲気(ふんいき)
憤	フン（いきどおる）	忄	りっしんべん	15	いかりもだえる・ふるいたつ・むずがる	憤慨(ふんがい)・憤激(ふんげき)・憤然(ふんぜん)・義憤(ぎふん)・発憤(はっぷん)（不正(ふせい)に憤(いきどお)る）
丙	ヘイ	一	いち	5	十干(じっかん)の第三・ひのえ・第三位	丙種(へいしゅ)・甲乙丙丁(こうおつへいてい)
併	ヘイ あわせる	亻	にんべん	8	ならぶ・両立する・あわせる	併発(へいはつ)・合併(がっぺい)・両市(りょうし)を併(あわ)せる・併記(へいき)・併合(へいごう)・併殺(へいさつ)
塀	ヘイ	土	つちへん	12	敷地などのさかいにする囲い・かき	板塀(いたべい)・土塀(どべい)
幣	ヘイ	巾	はば	15	ぬさ・通貨・客への贈り物	幣制(へいせい)・幣束(へいそく)・紙幣(しへい)・幣物(へいぶつ)・貨幣(かへい)・造幣(ぞうへい)

漢字	読み	部首	部首名	画数	意味	用例
弊	ヘイ	廾	こまぬき・にじゅうあし	15	やぶれる・悪いこと・謙遜(けんそん)のことば・よわる	弊衣(へいい)・弊害(へいがい)・弊社(へいしゃ)・疲弊(ひへい)・旧弊(きゅうへい)・語弊(ごへい)
偏	ヘン かたよる	亻	にんべん	11	かたよる・片方・漢字の「へん」	偏屈(へんくつ)・不偏(ふへん)・偏愛(へんあい)・偏見(へんけん)・偏食(へんしょく)・偏(かたよ)った考(かんが)え
遍	ヘン	辶	しんにょう・しんにゅう	12	広く行き渡る・あまねく・回数を表す語	遍歴(へんれき)・遍路(へんろ)・普遍(ふへん)・一遍(いっぺん)・遍在(へんざい)・満遍(まんべん)
浦	(ホ) うら	氵	さんずい	10	海や湖が入り江になったところ・うら	(曲浦(きょくほ)) 浦風(うらかぜ)・浦里(うらさと)・浦人(うらびと)・海浦(かいほ)
泡	ホウ あわ	氵	さんずい	8	あわ	気泡(きほう)・水泡(すいほう)・泡影(ほうえい)・泡(あわ)を食(く)う・泡雪(あわゆき)
俸	ホウ	亻	にんべん	10	ふち・給料	俸給(ほうきゅう)・月俸(げっぽう)・減俸(げんぽう)・年俸(ねんぽう)・本俸(ほんぽう)・加俸(かほう)
褒	(ホウ) ほめる	衣	ころも	15	ほめる・ほめたたえる	(褒賞(ほうしょう)・褒美(ほうび)・褒章(ほうしょう)・褒辞(ほうじ)) 褒(ほ)めちぎる
剖	ボウ	刂	りっとう	10	切りさく・切りわける	解剖(かいぼう)・剖検(ぼうけん)
紡	ボウ (つむぐ)	糸	いとへん	10	つむぐ・つむいだ糸	紡績(ぼうせき)・紡錘(ぼうすい)・紡織(ぼうしょく)・混紡(こんぼう)(糸(いと)を紡(つむ)ぐ)

マ

漢字	読み	部首	部首名	画数	意味	用例
朴	ボク	木	きへん	6	すなお・うわべをかざらない・ほおの木	朴直(ぼくちょく)・質朴(しつぼく) 純朴(じゅんぼく)・素朴(そぼく)
僕	ボク	イ	にんべん	14	しもべ・めしつかい・男性の自称の代名詞	下僕(げぼく)・公僕(こうぼく) 僕従(ぼくじゅう)・家僕(かぼく)
撲	ボク	扌	てへん	15	うつ・なぐる・ほろぼす・ぶつかる	撲殺(ぼくさつ)・撲滅(ぼくめつ) 打撲(だぼく)・相撲(すもう)
堀	ほり	土	つちへん	11	地をほる・あな・ほり・掘った川または池	堀端(ほりばた)・外堀(そとぼり)・堀江(ほりえ) 釣り堀(つりぼり)・内堀(うちぼり)
奔	ホン	大	だい	8	勢いよくはしる・にげ出す・おもむく・思うままにする	奔走(ほんそう)・出奔(しゅっぽん)・狂奔(きょうほん) 奔放(ほんぽう)・奔流(ほんりゅう)・奔馬(ほんば)
麻	マ あさ	麻	あさ	11	あさ・しびれる	麻酔(ますい)・麻薬(まやく) 大麻(たいま)・麻糸(あさいと)
摩	マ	手	て	15	こする・みがく・せまる	摩擦(まさつ)・摩滅(まめつ) 摩天楼(まてんろう)・研摩(けんま)
磨	マ みがく	石	いし	16	いしうす・みがく・すりへらす・はげみきわめる	研磨(けんま)・練磨(れんま) 技(わざ)を磨(みが)く・磨滅(まめつ)
抹	マツ	扌	てへん	8	ぬる・こする・けしてなくする・こな	一抹(いちまつ)・抹殺(まっさつ)・抹消(まっしょう) 抹茶(まっちゃ)・抹香(まっこう)・塗抹(とまつ)

	漢字	読み	部首	部首名	画数	意味	用例
ミ	岬	みさき	山	やまへん	8	陸地が海や湖につき出ているところ	岬(みさき)の灯台(とうだい)
メ	銘	メイ	金	かねへん	14	しるす・上等なもの・深く心に記憶する	銘菓(めいか)・銘柄(めいがら)・感銘(かんめい)・銘記(めいき)・銘文(めいぶん)
モ	妄	モウ（ボウ）	女	おんな	6	でたらめ・みだりに・いつわり	妄執(もうしゅう)・妄想(もうそう)・妄信(もうしん)・虚妄(きょもう)・妄動(もうどう)（妄言(ぼうげん)）
	盲	モウ	目	め	8	目が見えない・気がつかない・むやみに行う	盲愛(もうあい)・盲腸(もうちょう)・盲従(もうじゅう)・盲導犬(もうどうけん)・盲信(もうしん)
	耗	モウ（コウ）	耒	すきへん らいすき	10	へる・へらす・おとろえる・つきる	消耗(しょうもう)・損耗(そんもう)（心神耗弱(しんしんこうじゃく)）
	匁	もんめ	勹	つつみがまえ	4	重さの単位・もんめ	花一匁(はないちもんめ)
ヤ	厄	ヤク	厂	がんだれ	4	わざわい・よくないまわりあわせ	厄年(やくどし)・厄介(やっかい)・後厄(あとやく)・厄運(やくうん)・厄難(やくなん)・災厄(さいやく)
ユ	愉	ユ	忄	りっしんべん	12	たのしい・よろこぶ	愉悦(ゆえつ)・愉快(ゆかい)・愉楽(ゆらく)
	諭	ユ さとす	言	ごんべん	16	いいきかせる・教え導く・さとす・さとい	教諭(きょうゆ)・説諭(せつゆ)・諭告(ゆこく)・懇懇(こんこん)と諭(さと)す・諭旨(ゆし)

ラ　ヨ

癒	ユ	疒	やまいだれ	18	病気や傷がなおる・いえる	癒着（ゆちゃく）・快癒（かいゆ）・治癒（ちゆ） 癒合（ゆごう）・平癒（へいゆ）
唯	ユイ （イ）	口	くちへん	11	ただ・それだけ・返事のことば・はい	唯一（ゆいいつ）・唯心（ゆいしん） （唯唯諾諾（いいだくだく））
悠	ユウ	心	こころ	11	とおい・はるか・ゆったりしている	悠久（ゆうきゅう）・悠然（ゆうぜん）・悠長（ゆうちょう） 悠悠（ゆうゆう）・悠遠（ゆうえん）・悠揚（ゆうよう）
猶	ユウ	犭	けものへん	12	ためらう・ゆったりしたさま・さながら	猶子（ゆうし）・猶予（ゆうよ） 猶然（ゆうぜん）
裕	ユウ	衤	ころもへん	12	ゆたか・ゆとり・ゆるやか・心がひろい	裕福（ゆうふく）・余裕（よゆう） 富裕（ふゆう）・寛裕（かんゆう）
融	ユウ	虫	むし	16	とける・やわらぐ・流用する	融合（ゆうごう）・溶融（ようゆう）・金融（きんゆう） 融資（ゆうし）・融解（ゆうかい）・融通（ゆうずう）
庸	ヨウ	广	まだれ	11	ふつう・もちいる・かたよらない	凡庸（ぼんよう）・登庸（とうよう）・中庸（ちゅうよう） 庸劣（ようれつ）・庸愚（ようぐ）
窯	（ヨウ） かま	穴	あなかんむり	15	陶器を焼くかま・かまど	（窯業（ようぎょう）・窯変（ようへん）・陶窯（とうよう）） 窯元（かまもと）・炭窯（すみがま）
羅	ラ	罒	あみがしら あみめ よこめ	19	あみ・全部をくるむ・つらねる	網羅（もうら）・羅列（られつ）・羅衣（らい） 羅針盤（らしんばん）・羅漢（らかん）

酪	ラク	酉 とりへん	13	乳(ちち)を発酵(はっこう)させて作った飲料	酪農(らくのう)・乳酪(にゅうらく)・牛酪(ぎゅうらく)・乾酪(かんらく)
痢	リ	疒 やまいだれ	12	はらをくだすこと	疫痢(えきり)・下痢(げり)・赤痢(せきり)・痢病(りびょう)
履	リ はく	尸 かばね しかばね	15	はきもの・くつをはく・ふむ・経験する・おこなう	履歴(りれき)・履行(りこう)・履修(りしゅう)・靴下(くつした)を履(は)く・弊履(へいり)
柳	リュウ やなぎ	木 きへん	9	やなぎ・しなやかなもののたとえ	柳糸(りゅうし)・川柳(せんりゅう)・柳条(りゅうじょう)・しだれ柳(やなぎ)・花柳(かりゅう)
竜	リュウ たつ	竜 りゅう	10	想像上の動物・天子のたとえ	恐竜(きょうりゅう)・竜神(りゅうじん)・竜王(りゅうおう)・竜巻(たつまき)・竜顔(りゅうがん)・竜宮(りゅうぐう)
硫	リュウ	石 いしへん	12	非金属元素(ひきんぞくげんそ)の一種・いおう	硫安(りゅうあん)・硫酸(りゅうさん)・硫黄(いおう)
虜	リョ	虍 とらがしら とらかんむり	13	とりこ・とりこにする・戦争でいけどりにする	虜囚(りょしゅう)・捕虜(ほりょ)
涼	リョウ すずしい すずむ	氵 さんずい	11	すずしい・さびしいさま	涼風(りょうふう)・荒涼(こうりょう)・涼感(りょうかん)・川辺(かわべ)で涼(すず)む・清涼(せいりょう)
僚	リョウ	亻 にんべん	14	ともがら・なかま・役人	僚友(りょうゆう)・同僚(どうりょう)・閣僚(かくりょう)・官僚(かんりょう)

	漢字	読み	部首	部首名	画数	意味	用例
	寮	リョウ	宀	うかんむり	15	寄宿舎・別荘	寮生(りょうせい)・寮母(りょうぼ)・学寮(がくりょう)・学生寮(がくせいりょう)・茶寮(さりょう)
	倫	リン	亻	にんべん	10	人の行うべき道・順序・たぐい	倫理(りんり)・人倫(じんりん)・不倫(ふりん)・絶倫(ぜつりん)・天倫(てんりん)
	累	ルイ	糸	いと	11	かかわり・かさねる・次々と・しきりに	係累(けいるい)・累計(るいけい)・累積(るいせき)・累進(るいしん)・累加(るいか)・家累(かるい)
ル	塁	ルイ	土	つち	12	とりで・かさねる・野球のベース	塁壁(るいへき)・孤塁(こるい)・堅塁(けんるい)・一塁(いちるい)・残塁(ざんるい)・満塁(まんるい)
レ	戻	(レイ) もどす もどる	戸	とだれ とかんむり	7	もどす・いたる・そむく	(返戻(へんれい)・背戻(はいれい)) 払(はら)い戻(もど)し
	鈴	レイ リン すず	釒	かねへん	13	すず・すずのなる音の形容	予鈴(よれい)・風鈴(ふうりん)・鈴懸(すずかけ)・鈴(すず)らん・電鈴(でんれい)
ワ	賄	ワイ まかなう	貝	かいへん	13	金品を贈る・そでの下・まかなう	収賄(しゅうわい)・贈賄(ぞうわい)・会費(かいひ)で賄(まかな)う
	枠	わく	木	きへん	8	かこい・わく・制限	木枠(きわく)・鉄枠(てつわく)・窓枠(まどわく)・枠組(わくぐみ)・枠外(わくがい)・別枠(べつわく)